フェリックス・ガタリ

リトルネロ

宇野邦一
松本潤一郎
共訳

みすず書房

RITOURNELLES

by

Félix Guattari

First published by Lume, 2007

目次

親愛なるジャン゠バティスト・ティエレ、

なんと感動的で不思議なテクストでしょう、幼少期、芸術、思考が混じりあっている。

まるでフェリックスが戻ってきたような、あるいはむしろ、いつもここにいたかのようです。あなたのおかげでこのテクストを知ることができて幸いです、

友情を込めて。

ジル・ドゥルーズ

一九九三年一月二十一日

Cher Jean-Baptiste Thierrée,

quel texte émouvant, étrange, avec son mélange d'enfance, d'art, de pensée. C'est comme si Félix revenait, ou plutôt était toujours là. Je suis heureux de connaître ce texte grâce à vous,

Amitié

リトルネロ

宇野邦一・松本潤一郎訳

夜、人生の毒、あいもかわらず。赤いカーテンをまさぐる手。彼女は引き出しをかきまわして何をさがしているのか？　話しあってみた。彼に選択の余地はなかった、進みつづける、あるいはくたばる。余白、青白い隙間。それとも彼はあれにはまり込んでしまったのか、そんなら、ありていに言って……　これから彼は誰とも関係ない。要は言い方の問題、ほんのちょっとの不注意でも、二〇年代の大西洋横断船の警笛が唸りだし、きわめつけの異常繁殖の時が戻ってくる。そんな想いがのしかかるから。

背が高く猫背、大きな編み目のゆったりしたセーター。あるいはお望みなら、小柄で、棒きれみたいにそっけなく、髪をオールバックにした怪しげな外国人の富豪といった類い。大戦前の推理小説に出てくるような事務所のなか、陽のあたるブラインドが暗いシルエットに線影を刻む。すばらしいのは、そう、ほんとうにすばらしいのは、雑多なもの、見わたすかぎりの雑多なもの、人びと、通り、ドア、窓なんかでできた色とりどりのキャバレー。たとえそれが以前とはまったく様変わりしたとしても。誰にでも一種の貫禄を与える大袈裟な表現やふるまい、婉曲な作法やわざとらしさのせい。ひとつひとつかけらを寄せ集め、切れ端を接ぎあわせ、内部－外部の少々の配置換え、それで隙間風を防ぐこともできたのに。

両腕を大きく開いて、深呼吸なさい。階段はじかに通りに通じ、地下室の扉は半ば開いている。見知らぬ女の顔。三階の裸電球がともる。乾かないうちは触れてはいけません！　あっちでは犬が吠えている。彼らは何を証明したかったのだろう？　パンツだけははかせておいてやれば！　電車の懸垂線（カテナリー）が風に震えている。鉄路の戦い。ほら、そいつが「月下の巨大墓地」のほうを向く。あんたの不在が私の毎日をずたずたにした。なんでもかんでも要求してきた！　彼らのやり方をみれば十分。あんまり長すぎる、と彼はひとりつぶや

「月下の巨大墓地」　作家ジョルジュ・ベルナノスが一九三八年、スペイン内乱におけるフランコの介入を批判して書いた文章の題名か？（以下この欄はすべて訳注）

いた、なんという愚連隊！　それに結局は……野郎どもと娘たちをめぐるあれこれの話、そしてあれらすべての死骸の列。あんたらはきっとなんとかして、やりなおすだろう！　彼は同類じゃない、死の軍団に追いつめられ、山脈のどん底をはいつくばっても、彼はじぶんの日記を続けただろう。そしてわきまえた、問題はたんに部分の間の節度や均衡ではなく、十分な一貫性だということ。そのかぎりでこの一貫性は、耐えうる限界をこえる過剰を、歯軋りさせるような混乱をもたらすこともありえた。

糊の跡、曇ったガラス。おや、彼女は明かりをつけたままにしている。婚礼のパレード。混沌とした巣窟。気楽にやろうぜ（テイク・イット・イージー）。眼を閉じて可愛い人。ルーヴィエ市、ル・マトレ通り。台所の角のパン入れには丸い扉が付いていた。彼に向かって眼を閉じろと言いながら、吸っている煙草で棚を焦がす叔父の愚かさ。そして煙を耳から出そうとした。彼女はノックせずに入ってくる。一瞬の躊躇。このおしゃべりばあさんは何？　話がうますぎた。けんめいに集めた紙の束。もう言い逃れはできない。手首をひねり、彼女は彼に伝える。ここで話をするつもりはないと。一緒に出ていくのを彼はあきらめる。

ルーヴィエ市、ル・マトレ通り　オート＝ノルマンディー、ウール県。圏府ルーアン南方の町で、ガタリの母方の祖父母が暮らしていた。家はル・マトレ通りにあったものと思われる（ただし『アンチ・オイディプス草稿』の編注でステファン・ナドーは、ガタリが六歳のころ預けられた祖母の家はルーヴィエの隣町サン＝ピエール＝ヴォヴレにあったと記している）。ルーヴィエの家ではガこのオフィスにはマイクがいっぱい隠してある、この狂った女はそう思い込んでいるにちがいない。

操り人形のように。指にできた小さな切り傷、分裂症のカタストロフ。時間のかけら。もしあなたが、あえて自分のことを説明してくれたなら！　打ちひしがれ山越え谷越え。聞いてくれ、あんた、わかるだろ。彼はしがみつく。オートバイの爆音。彼女の帰りは遅かった。喘息の統辞法。

ヒマワリ畑のような赤茶色。彼は踵を軸にしてまわる。こうもいえる、すべてが変わるだろう、ふたりの娘といっしょに暮らすこともできるかもしれない、すべてのことが単純になる、ナイーブにも彼はそう思い込んでいた。ひとり、ふたり、三人、四人、五人。ルーレットの上をまわるように。オペラの緞帳のように。ライラックに囲まれた酒場。うっとりさせる赤茶色の髪の毛、ライラックの香り。肉食の滓。そして、ほら、また汲み取りの時間がやってくる。糞を汲みあげよう、そいつを陽気に吸い込もう。太鼓腹のトラック、歩道の太く臭い管。あんたらはそいつを知らなかった、あんたら全

タリが九歳のとき、目の前で祖父ヴィクトールが脳出血で倒れ死亡した。（この項も含め、ガタリの伝記的事実についてはおもにフランソワ・ドス『ドゥルーズとガタリ　交差的評伝』杉村昌昭訳、河出書房新社、二〇〇九年、を参照した）

員！　糞はわれわれに何を望むのか？　汚水放流装置のせいで肥溜めは防空壕と化した。特性のない糞。不可解な雰囲気で彼女はおまえを見つめる。交差点の顔のない女。ジュヴァの石英。カント的崇高。新鮮な乳香の匂い。そして鷲座（エーグル）通りのテラスの上に拡がる雹の匂い。彼らが全速力で走らせていた荷車に激突された中身たっぷりの大甕。

Mamita Juanita esta malo. あれこれのエピソード。彼女はぼくを見つめる。やることが山積している。いたるところに眼。いがみあう蝮たち。ジャン＝ジャックは彼の蜘蛛の巣から蝮を生みだす。数えきれないほど。彼は何を愚痴っているのか？　音楽のなか、ツェルニーのエチュードのなか、運指法のなかの眼。きみ私のいうとおりにしている？　テレビの陰鬱で不快な視線。戦前の交番の緑色の眼。これがやっと彼らの思いついたこと。

大理石の市場を歩くハイヒール。腰を大袈裟にくねらせる尻。FLNの運び屋をけっしてやめなかっただろう。BRやRAFの連中を匿うことを、けっして彼女はやめなかっただろう。生まれつきや

ジュヴァの石英　ジュヴァ氏所有の動物の形をした石英。画家ジャン・デュビュッフェが「アール・ブリュット」の理念を語るさいに参照した。

鷲座通り　パリ郊外北西部（イル＝ド＝フランス地域圏、オー＝ド＝セーヌ県ナンテール郡）ラ・ガレンヌ＝コロンブにある通り。ラ・ガレンヌ＝コロンブはガタリが幼年時代から青年時代にかけて暮らした町で、ガタリの家は鷲座通り九十二番地に、また後に移り住んだ恋人ミシュレーヌ・カオの実家もこの通りにあった。

Mamita Juanita esta malo.　スペイン語で「愛しのユアニータの調子がよくない」。

ツェルニーのエチュード　ガタリは幼少期からピアノのレッスンを受けていた模様。ツェルニーのエチュードは初等バイエル終了後に使用される定番の教材。成年になっても弾きつづけたガタリは一九五一年、実家を離れミシュリーヌ・カオと同居するさいピアノを持ち込んでいる。

FLN　アルジェリア民族解放戦線

っかいな女。わかった、彼は彼らと話すだろう。もちろん警戒しながら。いかなる言質もとらせず、ただ彼らを試すためだけだ。こんなごたごたに巻き込まれるなんて、まったく馬鹿げたことかもしれない！　いかにも横柄な感じで彼女は彼に、あなたを信頼している、と断言する。そもそも彼女に選択の余地はない。この手の建物はローマ近郊にしかありえなかった。彼は感きわまって口笛を吹く。なんと華々しい運命的瞬間！

サン＝ピエール＝デュ＝ヴォヴレの幼稚園で、褐色の髪の女の子をブランコで遊ばせる。どっちつかずの印象。中国製の紙のパラソル。大はしゃぎ。一九四三年、ランジェの河岸に、もうひとりの褐色の毛の娘。十三歳のはずだ。彼と一緒に泳ぐのを拒もうとして彼女はしなをつくっていた。あなたはわからないのよ、と母親が彼に言う。じゃあ、いつも何か理解すべきことがあるのか？　この家系は、向日葵のような赤毛で、当然の結果として、いつもハイヒールを履くハイミスの寄せ集めだ。次々並べることもできる。黒い女、黒い武器、ヴィラ・ジの鏡箪笥、サンタクロースがくれた新しい万年筆で理科のノートを清書するのを決意したとき。彼を噛んだにち

(Front de Libération Nationale)。

BRやRAF　イタリア「赤い旅団」(Le Brigate Rosse) およびドイツ赤軍 (Rote Armee Fraktion)。

サン＝ピエール＝デュ＝ヴォヴレ　オート＝ノルマンディー、ウール県。前出ルーヴィエの東隣。

ランジェ　サントル地域圏、アンドル＝エ＝ロワール県。県都トゥール西方、ロワール川沿いの町。

黒い女、黒い武器　ガタリが七、八歳のころ毎晩のように見た悪夢。ガストン・ルルーの推理小説『黄色い部屋の謎』（一九〇八年）『黒衣婦人の香り』（一九〇九年）の登場人物のイメージを加味された父方の叔母エミリアが「黒い女」で、兄に渡された空気銃で身を守ろうとしたが、銃には弾が入っていなかった。

ヴィラ・ジ　パリ郊外北西部クルブヴォワ（イル＝ド＝フランス地域圏、オー＝ド＝セーヌ県ナンテール郡）の一角で、ルーアン通りの小学校の裏手にある路地。クルブヴォワはガタリ一家が住んでいたラ・ガレンヌ＝コロンブの南東に接している。

がいないメーグルモンの犬。Rの脱落、祖父の死。ソーサーの溝にこびりついたビールの跡の混じった灰。

彼女のさえないおかしないでたちに、いかれた過去、拷問のような更年期、プラトン主義の理念はとてももたないだろう。『忘れられた人々』の犬の十字路。おまけにおまえは彼らに向かって、何を考えているのか訊ねる！　なんたる悪ふざけ！　連中は閣僚であり高級官僚であり、爪の先まで上流社会にどっぷり浸っている。ボローニャのアーケードの下の遠くにAD。彼女はモーターバイクに腰かけた男と話している。当然、彼は彼らの話なんか聴いてはいない。サン＝ミシェル大通りにいたイレーヌも同じだった。だが今度は喧嘩別れになる、出くわしたのがあまりにもお上品なやつだからだ。蜜蜂の謎めいたダンスに導かれ鷲座（エーグル）通りの台所めざして戻ってゆく。彼が演劇のパンフレットをしまっておいた引き出し。彼はそれにほとんどフェティシズムと言っていいほど執着していた。彼の母がある日彼にこう訊ねたほどだ。毎週日曜のマチネーに観に行く出し物よりもそのコレクションのほうが好きなんじゃないの？

メーグルモン　前出ルーヴィエ、サン＝ピエール＝デュ＝ヴォヴレの北方ヴァル＝ド＝ルイユ（オート＝ノルマンディー、ウール県）の地所。

Rの脱落　「R」は頻出するが不明。「現実界」（Réel）の略とする説もある。

『忘れられた人々』　ルイス・ブニュエル監督のメキシコ映画作品（一九五〇年）。

AD　一九六〇年代後半から七〇年代半ばまでのガタリの伴侶アルレット・ドナティ（Allette Donati）のことか？

サン＝ミッシェル大通り　パリ五区西端にある通り。

台所。なんということだ！　家に入るとすぐに彼は見にいった、何も訊ねず、台所がどんな様子か。食器棚もいっしょに。待機するモノたち。

言葉はない。身ぶりもない。もしかしてあなたは死んでしまった。彼らがやってくるのが見えはじめる、あの卑劣漢たちみんな。ときにはそのなかの誰かに見覚えがあることもある。彼らといっしょにいた娘は下品だった。ポルトワインをほんの少し。ノックせずに入りなさい、入らずにノックしなさい。蝶番を外しなさい。玄関に押し入りなさい。さあ、要するに何かしなさい！　感覚的緊張に達する前の薄皮のような世論。そしていつも再開されるごたごた。地域特有のくどいお説教、しかしいつも同じ袋小路にはまりこむ。男性、大人、白人の価値観に閉じこもり、時代の空気にしがみついている。泣く、叫ぶ、地面を転げまわる、息を切らす、出産する、授乳する、両眼まで妊娠する、歯でへその緒を嚙み切る。了解、いまもあいかわらず戦前の凍りついた時間、困窮、赤貧とは言わない。ルイーズ、五スー、所帯を構えるための金。トタンの流しに水滴が落ちっぱなしだ。開閉小窓を引っぱるための一本の紐。蠅取り箱と大根。踊り

ルイーズ　メーグルモンに住むガタリの叔母と思われる。

場のトルコ式便所。食糧戸棚のなかの石油でべとついたユリカモメ。

台所に来てくれ、そのほうがよく話せるよ。ふたつの冷蔵庫、一方は古く、他方は新しい。それはすでにひとつの暗示だ。そしてもうひとりの冷淡で気むずかしい大公妃、彼女といっしょに訪れることもできただろう、サンフランシスコ湾にある美術館になった帆船。カモメたちとそうしたものすべて。そして遠景にはさらにぼやけた亜麻色の髪の踊り子、彼は彼女としばらくグリーン・ストリートで暮らした。碁は最初の駒の配置によって戦略が決まるが、そんなゲームとは関係ない。さらに多くの余白、ぼやけ、偶然、不可視の接木。すぐ食ってかかるこの女は、クラブ会長ビコの姉のスージーといっしょに何をしでかそうというのか？

底の抜けた肱掛椅子の中でぐったりし、手にウィスキー・グラスをもっている。宇宙（コスモス）に宙吊りになった黄色っぽい小さな塊。縁（へり）から外には一滴もあふれない。振り向かず前に進め。彼らはリヨンで出会ったにちがいない。彼女は「タン・モデルヌ」誌編集部にも所属していた。少しだけ質問があります。小さなミモザ。薔薇のワルツ。

クラブ会長ビコ　アメリカの漫画家マーチン・ブラナーによる「ウィニー・ウィンクル」シリーズのフランス・ヴァージョン。同題の第一作（一九二六年）、『ビコとスージー』（一九二七年）ほか大戦間期にアシェットから刊行されている。主人公の少年ビコはオリジナルではペリー。

「タン・モデルヌ」　一九四五年、ジャン＝ポール・サルトルによって創刊された雑誌。

セピア色の壁紙。陽光で色褪せた大輪の花たち。記号論的回転(スピン)。サン＝ブノワ通りのマルグリット。両性具有的融合。両性の対立には干渉せず。

鉄製のエレベーターの扉。踊り場から数歩のところの小さな階段を上がると、閉所恐怖症を催しかねない守衛室に到着する。カールは他にもアジトを持っていたはずだ。ソルボンヌの中庭にじかに面していた犬小屋みたいな部屋、それとモベール広場近くの老朽化した部屋。距離をおいて。振り向いて。そしてもし私が『日陰者ジュード』だとか、バルザック風の古道具屋だとか、『嵐が丘』あるいは下女の物語だとか口に出したら。六階の窓際で彼女は体を揺らしていた。ふたりの女友達といっしょに城でダンスを教えていた。そしてもしそれがひとつの蘭、アーティチョーク、一頭のラクダだったら。指先で触れる、その長い爪をかすめる。ラ、ソ、ド。亜麻色の髪の乙女。ジェルメーヌ叔母さんのインゲンのすじ。緑の蛍光を放つ小さな仏像。黒目、奇数、後半。

ぎりぎりマダム。盗っ人紳士。こんにちはオーギュスティーヌ、

サン＝ブノワ通り　パリ六区、カフェ「ドゥマゴ」裏手にある通り。マルグリットとはサン＝ブノワ街に住んでいたマルグリット・デュラスのことか？　写真家ロベール・ドアノーによる作品に「マルグリット・デュラス、サン＝ブノワ通り、一九五五年二月」がある。

カール　不明。ガタリの分身か？

モベール広場　パリ五区、サン＝ジェルマン大通りに面した広場。

『日陰者ジュード』　イギリスの作家トマス・ハーディの小説（一八九六年）。

黒目、奇数、後半　いずれもカジノ・ゲームのルーレットの用語。

オーギュスティーヌ　ガタリの叔母。

どこかの百貨店の化粧室管理人に似ている。彼女は彼に小さな碗木信号機を贈った。信号機はぜんまい仕掛けで火花を散らした。こんにちはポリーヌ・カートンに似たポリーヌ。彼らは共産主義者の抵抗運動のさなか、一九五六年に出会ったはずだ。用件が山積！　たえまない痙攣。だが彼らは性的には相性がよかった。二度か三度、彼は彼女と寝たはずだ。ジョフロワ＝サン＝ティレール通りの一角。シニフィアンの茶番（ファルス）。まるで一九一四年の大戦前。彼女はノックせずに入ってきた。彼は当惑したままだ。

何か起きたと思うのか？　それからは空を見ても、もう気分がよくなかった。クエルナバカ。農場の巨大な煙突の周りを何千羽もの燕が飛んでいる。最後に燕たちはみんな煙突に呑み込まれるだろう。笑う雌牛のような宇宙（コスモス）の眼。やがてそれはカンテラ祭の日にふたたび姿を見せた。小型帆船から上陸し、路地のあいだに潜り込んだ。

それをひとつの機械と呼んでもいい。複数のばらばらの宇宙（ユニヴァース）。ついている。ついてない。物たちそして他の物たち。他者になること。そしておまえらはおまえらの後を追いまわし、おまえらに何度もぺ

ポリーヌ・カートン　Pauline Carton (1884-1974). フランスの女優、歌手。父が鉄道技師だった。

ジョフロワ＝サン＝ティレール通り　パリ五区、国立自然史博物館前の通り。ガタリほか第四インター離脱組による雑誌「共産主義の道」（一九五八―一九六五年）の事務所があった。

クエルナバカ　メキシコ、モロレス州の州都。

こぺこし、こんにちは友たち、こんばんはペニスたち、と言う。

丘を背にしたその家には入口がふたつあった。一方は正面にあり、国道に面している。国道は撤廃された鉄道と日にさらされた艀や浚渫船のひしめく川に沿っていた。もうひとつの入口は裏にあり、二階の高さのところで小さな丘にじかに面していた。おまえらはきっとまた何かしでかすだろう！　黄ばんだ小さな塊。白髪の少女。曲がり角で彼らがおまえを待っている。上（オ）へ、下（バ）へ、危うげ（フラジル）。ジャスパー・ジョーンズ。ワイパーの泥水。知らなかった。くどくど言わないでくれ！　人生にはいろんなときがある。すべてが沈没すると思える瞬間がある。行為も身ぶりも砂に埋もれてゆく、これは魂の能力にとって毒麦だ。銀の月（シルヴァームーン）。ぼくといっしょに踊ってくれます？

彼が眠っているあいだに彼女は眼を覚ました。彼女はトゥルネル河岸に沿って歩いてゆく。あいかわらずの雨。ベルナルダン通りに沿って彼女はモベール広場のほうへ引き返す。彼らは彼女の身分証明書を調べたのだろうか？　もっと別の調子で話してください！　象徴的なもの、象徴的なもの、連中が口にするのはそれだけ！　一

トゥルネル河岸　パリ五区、サン＝ルイ島を望む河岸。

ベルナルダン通り　パリ五区、サン＝ジェルマン地区の通り。

象徴的なもの　または「象徴界」。精神分析家ジャック・ラカンの用語。

日二時間以上は眠らないやつがいる。ビノー大通り。ルヴァロワ橋。ラ・ジャット島。薬学部の学生がひとり。彼はそこで何をしているのか？　ひしめく記憶。少なくともおまえは実習に戻らなくちゃならない。植物に見覚えがある。服用量の限界。磁気天秤。おまえは彼らを入れてやってもいいのだ。中世風の梁でできた階段。ルーヴィエの匂い。柳の木でつくった家具。光沢紙のポスター。三十三回転。すぐ後でぼくはきみと合流する。必要なことをする。クライストミンスターへの道で。

彼らは自転車を溝の縁（へり）に置いた。夜の奥底に潜り込んだ。彼は彼女をフランスに招いていた。到着した夜すぐ、気づかずに彼は彼女のお尻に入れた。砂利のなかの赤いキャンディ。特殊スラローム。戸棚の上のジャムの瓶。ヴィラ・ジ、階段の右側にあるアトリエ。マルティニック島のまるまる太った女。天井からぶらさがったベルト。粉砕機と篩。平棚オーヴン。ラメとセロファン。バナナの粉。カカオ・バター。執拗な強度。一瞬、たった一瞬。音にとっていい、イメージにとって文句ない一瞬。ロココ風の人造石、バロック風の逃走線。ポツダム。心配はない。糸の端についた小さな篭が上の窓

ビノー大通り。ルヴァロワ橋。ラ・ジャット島　いずれもパリ郊外北西部。クルブヴォワ南東端にセーヌ川が流れ、目の前に中州のグランド・ジャット島（ラ・ジャット島）がある。ビノ大通りはクルブヴォワ側から島中央の大橋を渡ったその先で、ヌイイ＝シュル＝セーヌ（ナンテール郡）にある通り。ルヴァロワ橋は島の下流側に架かり、クルブヴォワと対岸ルヴァロワ・ペレ（ナンテール郡）を結んでいる。クルブヴォワのリセ・ポール＝ラピからパリ九区のリセ・コンドルセに進んだガタリは、一九四八年にバカロレアを取得後クルブヴォワのベコン＝レ＝ブリュイエールで薬学を学んでいたが、この一帯は当時の日常的行動範囲内と思われる。

クライストミンスター　ハーディの小説『日陰者ジュード』に出てくる学問の都。

特殊スラローム　スキー競技の滑降。

から降りてくる。はじめのうちは「フランス・スワール」旧社屋の屋上にいつも灯っているランプと駐車場を彼は熱心に見つめていた。暦。スポンジで一拭き。エレベーターのスイングドア。階段の滑り止め。銅の手摺り。彼は赤い絨毯に躓く。ゴブラン通りの女管理人。オルテドリン二錠。服従拒否、皮膚にめりこんだ四つの弾丸。辛辣な物言い。発煙するエロス。夜更けに、彼女は男のオートバイに乗っていっしょに戻ってきたにちがいない。

　うんざりな繰り言。三階建ての建物の下で彼は泥んこ遊びをしている。サンク＝マルス＝ラ＝ピルの舗装された袋小路。鳩の糞。糞は私たちに何を望むのか？　「フランス・ミュジック」のラジオ番組のテーマ曲から聴こえてくる、あの鳥の囀り。鷲（エーグル）座通り九十二番地、ラ・ガレンヌ＝コロンブ。各々の領分に鷲と鳩。九の字は自分の上で回転する。鷲は膨張し巨大化する。半句（エミスティッシュ）の末尾が飛び立つ。黒衣の淑女を追い払うための空気銃。セントラル・パークに降った雪。サンタクロースの殺害。雪のなかの血痕。銀箔をはった絵葉書。オレンジ色のレインコートを着た背の高い黒人が、緑色の車を押してゆく。ジェラール・フロマンジェの絵の赤いシルエットた

「フランス・スワール」　フランスの新聞。パリ二区、レオミュール通りの旧社屋は一九二四年竣工。

ゴブラン通り　パリ五区、十三区にある通り。

オルテドリン　心拍を速める興奮剤。

サンク＝マルス＝ラ＝ピル　サントル地域圏、アンドル＝エ＝ロワール県。県都トゥール西方。ロワール川沿い、前出ランジェの東隣。

ラ・ガレンヌ＝コロンブ　「鷲座通り」の注（一〇ページ）参照。なお「コロンブ」は鳩を意味する。

半句の末尾が飛び立つ　半句とはフランス語詩法における十二音節句（アレクサンドラン）を半分に区切った前半または後半の部分。"92, rue de l'Aigle, La Garenne-Colombes" という住所の文字の連なりが十二音節句とみなされたうえで、"Aigle" と "La" のあいだに区切りが入ったふたつの「半句」ととらえられている。

ジェラール・フロマンジェ　Gérard Fromenger (1939-). フランスの美術家。ガタリの友人。

ち。一羽の鳥が窓ガラスを叩く。サン・パウロを走る高速道路の橋の上、少し自分がいなくてもなんとかしのいでくれと彼は彼らに言った。ゲルマントの館の不揃いな舗石。彼はようやく気づく。橋と通りのあいだの高さがアンバランスなせいで、ポン・カルディネとのあいだに遠い木霊が生まれ、子供時代の敏感な知覚にとって鉄道がオーラを帯びたのだと。彼は愚かにもこう誓った、学校で使われる三人称単数形をけっして使うまいと。

単語が蟻のように樹木に攀じ登る。鋸の歯、虫歯。お掛けなさい。そして切手を二枚買いにやられる。元帥の肖像画の切手、元帥の指揮棒を描いた装飾模様が入っていた。薔薇色の酸っぱい錠剤。ビタミン入りのボンボンよ、はたしておまえたちには魂があるのか？権が私たちをつれてゆく、つれてゆく……メーグルモン、暁の馬たち、植物的自明の理。彼らは扉を固く閉ざし、窓には機関銃を据えつけた。夜、万策尽き、第三項は消滅、逃げ口上、仮面（マスク）たちとベルガマスク。暖房具につけてある水を入れた管または小瓶。兄のまね。

ゲルマントの館　マルセル・プルーストの小説『失われた時を求めて』の舞台。第七篇『見出された時』で老いた語り手が大公邸を訪問。中庭の不揃いな舗石に足をとられた瞬間、「無意志的記憶」に襲われ、文学的創造への自覚に導かれる。

ポン・カルディネ　パリ十七区にある国鉄駅（サン＝ラザールから一駅目）。

仮面たちとベルガマスク　ポール・ヴェルレーヌの詩集『艶なる宴』（一八六九年）所収の「月の光」の一節。これに触発されたガブリエル・フォーレの同題の管弦楽組曲（一九一九年）、およびドビュッシーのピアノ独奏曲「ベルガマスク組曲」（一九〇五年）がある。なおベルガマスクはイタリアのロンバルディア地方ベルガモの住民またはベルガモ風舞曲の意。

隊長ブーリバ。息子のこめかみに当てられた父の拳銃。アーメン。黒人をねらったのに白人を殺した。ゴルティエ通りの歯科医の待合室。モダンな複製画。用件をおっしゃってください。抽象表現主義。ニューヨークの歩道にはみ出た絨毯と庇。彼の父は九十二番地の鉄柵の前で雪かきをしている。もし、おまえが薬学にうんざりしているなら、したいことをやれ！　黒目、奇数、後半。もっと早く言えばよかったのに。鷲と鳩。生涯続く分裂症。いったい何が理由なのか！

いろんな提言がぼんやり口をあけている。舌が震える。連絡してください。洗面台に映った顔。さかさまのヴィクトール。朝早く自転車でポルト＝ジョワの丘陵地帯へ。聖なる都エルサレム。一九一〇年の大洪水時代。鋳鉄の柱に支えられた会議室。クーパー・ユニオン。セザール・フランク、ピエール・フランク、ヴラマンク。怪しげな金持ちの口髭。アストル・ピアソラ。彼女はロワイヤル通りにある帝国様式の邸宅に暮らしており、彼は十六世紀に建てられた大きなアパルトマンに住んでいた。そこにはフォルテピアノ、スピネッタ、チェンバロ、ヴィオラ・ダ・ガンバがたくさん集めてあっ

隊長ブーリバ　ウクライナの作家ニコライ・ゴーゴリの小説『隊長ブーリバ』の登場人物。

ゴルティエ通り　パリ郊外北西部クルブヴォワにある通り。

ヴィクトール　ガタリの祖父。「ルーヴィエ市…」の注（八ページ）参照。

ポルト＝ジョワ　オート＝ノルマンディー、ウール県。サン＝ピエール＝デュ＝ヴォヴレ北西、セーヌ沿い。

クーパー・ユニオン　ニューヨークの私立大学。

セザール・フランク　César Franck (1822-1890). ベルギーの音楽家。

ピエール・フランク　Pierre Franck (1905-1984). トロツキスト。第四インターナショナル統一書記局のメンバーでフランス支部の長老。

ヴラマンク　Maurice de Vlaminck (1876-1958). フランスの画家。

アストル・ピアソラ　Astor Piazzola (1921-1992). アルゼンチンの作曲家、バンドネオン奏者。

ロワイヤル通り　パリ八区、コンコルド広場から北上する通り。

スピネッタ　チェンバロの一種。

た。多目的ホールのむかいにあるピアノ販売業者。リュシアンの死。

　もしあなたがあれを見ていたなら。セーヌ左岸、右岸。高所、低所。隊列を崩せ。市庁舎近くの河岸通りの観葉植物を置いたレストラン、そこの螺旋階段は脆くていつも揺れる。サン・パウロ橋。三階建ての家屋。きみが信じるなら。暖房器のそばの壁に刻まれた無数の痕跡、彼の背丈がどれだけ伸びたか見るためだった。よそよそしくて親密。グッゲンハイム美術館の巨大な螺旋。労働者が屋根から落ちる。戸棚の上のジャムの瓶。そいつは落ちるだろう。そいつは安定したままだ。部屋の中で横になっているヴィクトール。彼の晴れ着。新しい靴。おまえは彼を見たいか？　顔の上には新聞。蠅がうるさいから。ムルージの歌う蠅の落ちたスープ。ルーヴィエの教会近くのラ・ピス通り。ピネイロスの並んだ大通りにこだまする喧騒。重量車の不快な波。製糸工場の羽根車、藻の身振り。ミルクを入れる皿。マイユのソーサーのなかでビールと混ざった祖先たちの灰。イッシアケム。風俗の研究。フェリックス・ポタンの向かいにあるシャルルブールの金物屋。咲き誇るライラック。赤褐色の髪。そこに立ち止まらないで。

リュシアン　リュシアン・セバーグ (Lucien Sebag, 1934-1965)。フランスの人類学者。ガタリの友人。

顔の上には新聞　ガタリの祖父が脳出血で倒れたさい、駆けつけた祖母が「蠅が寄らないように、夫の顔に新聞を被せ」た（ドス『ドゥルーズとガタリ　交差的評伝』）。

ムルージ　Marcel Mouloudji (1922-1994). フランスの俳優、歌手。自伝小説『エンリコ』（一九四四年）によれば少年時代、極貧生活のため母親に羽をむしった蠅入りのスープを食べさせられたという。

ピネイロス　ブラジル、サン・パウロ内の地区。

フェリックス・ポタン　フランスの食料品チェーン店。一九九六年営業停止。

シャルルブール　パリ郊外北西部ラ・ガレンヌ＝コロンブにある通り。

あの大いなるトラブルメーカー、天井を突き抜けた頭。彼女はイヤホーンをつける。ファスナー。私はない。ジュネ。顔-閾。偉人たちの宮殿。ハラール。万華鏡のようなもったいぶり。ありがとうマダム。そして彼ともうひとり、それに老婦人。大人であるということ。人のいない通り。唯一の意味。よそいきの太陽。サン＝ジェルマン＝アン＝レーの不透明に光る沈殿物。出現。サン＝ピエール＝デュ＝ヴォヴレの礼拝堂。他の場所。他の言葉。アル中のパウロは、それでも自信たっぷり。

滴る涙水をのみこむ。非物体的砂丘。灰燼に帰したイロコイ・ホテル。焦げた花輪。裸の島。ル・アーヴルの友人。港湾労働者。反対意見を言うのは誰だ！　乙女の祈り。すべてに感謝します、あなたがたの信頼に、私たちの歓喜に。もう数ヵ月。美しい季節。大潮。神経症の波状攻撃の末剝げ落ちた眉。鎮静剤のチューブ二本。砂浜に寝転んだ。黒人をねらった。白人を殺した。

リエカを突き刺せ。廊下を歩く足。先史時代の鳥たちの影絵の行

ハラール　エチオピア東部の都市。

サン＝ジェルマン＝アン＝レー　イル＝ド＝フランス地域圏、イヴリーヌ県の都市。

ル・アーヴル　オート＝ノルマンディー、セーヌ＝マリティーム県。セーヌ湾の港湾都市。

リエカ　クロアチアの港湾都市のことか？

進。真昼のように。彼らのテントのすぐ傍の鉄塔を襲う雷雨、それで彼女の生理が始まった。薄荷のエキス。ジャンシアーヌ。メチルアルコール。四塩化物。クロロベンゼン。告白の祈り。ママン、食べるものちょうだい。フラクタルなブルターニュ。ローマ軍。トゥールーズのボートレース。スクリーンの上の緑色の点の残像。ブレードランナー。古い港。猫の小便。じつにありふれた言葉。カジノ・ド・ラ・セルヴァ。熱帯の雷雨。赤い花を咲かせた潅木が輝く。鑿。鉄筋コンクリート。フラ・ディアヴォロ。急流と化したヒスパニック地区の小路。夜に鳴り響く自転車のベル。詩人の家。

阿弥陀仏陀。貧乏暮らし。彼はトルコ人に言い返す。洗濯機に背をもたれるカール。振動、熱、ざわめき。その他の出入り。彼女はいつも彼につきまとう。三月五日、下のほうの小道。ドイツ人は酒倉をトーチカに変えた。線路。信管。フィードバック・ループ。ベッドの足下の一本の綱。33.333. 存在はパンと塩だけでできてはいない。それにとりかからなければならなくなったとき。長椅子に座ったジョフレー。彼はやがて起きあがり、出ていくだろう。イグニッション・キー。騒々しい塊のような鍵の束。藁屑。泥濘の眼。垂

ジャンシアーヌ　リンドウの根のエキスを入れた食前酒。

カジノ・ド・ラ・セルヴァ　前出メキシコのクエルナバカにあるホテル。

フラ・ディアヴォロ　フランスの作曲家フランソワ・オーベールのオペラ（一八三〇年）、あるいはスタン・ローレル、オリヴァー・ハーディ共演のアメリカの喜劇映画（一九三三年）の題名か？

33.333.　ガタリの固定観念となっていた数値。ドゥルーズとの共著『カフカ』刊行後、ガタリは同題の小説にとりかかったという。ちなみにガタリの生年月日は一九三〇年三月三十日。

直に走る亀裂。皆殺しの天使。いつも口の角に唾を溜めている英語教師のバゴー。ラッパスイセン（ダフォディルズ）。

彼女は恭しくお辞儀する。優しいひなげし。サルトリス通りのキオスク。中庭の奥にあるちびっ子たちのクラス。シャットミッス氏。氏のおかげで彼は第六学年に飛び級できた。五年のときは成績不良だったのに。みんな憤懣やる方なかった！　コルダン夫人は彼をレオポルド・ベラン・ピアノ・コンクールに出場させる。大西洋の壁。他にどうしようもない。女子生徒用の中庭にある防空壕。ビタミン入りのお菓子。校長先生は彼が書いた模範作文を読みにやってくる。一頭の馬のことが書いてある、懸命に歯を食いしばり雨のなかで光り輝く馬だ。目に限のできた少年ハンスの馬。また「R」が脱落。一頭の老いた馬の物語、開閉小窓のついた台所の隣りの一種の屋根裏部屋から持ってきて読んだ最初の本。もう動きなさんな。彼は鏡のむこうの沈黙した世界で、見られることなく動きまわることにかけてはお墨付きをもらっていた。行き止まりの内部のほうへ、または螺旋状の外部のほうへ。

サルトリス通り　パリ郊外北西部ラ・ガレンヌ＝コロンブの通り。前出シャルルブール通りと直交している。

少年ハンス　馬恐怖症で知られるフロイトの症例。

彼らはあらゆる方向に走りだした。超越論的な怒り。高いところ、低いところ、差出人に返送。生け花、茶道、子どもじみた繰り返しの喜び。いないいないばあ。彼は震えだした。悪の力。彼女がやってくると、彼は自分のほうに引き寄せるふりをしては腕のなかの彼女を押しもどす。五スー、所帯をたてなおすための五スー。剥ぎとられた蝶番。彼はピアノにもたれて床に座っていた。彼らは一九〇〇年のワルツを演奏する。舞踏病。どうにかしなさい！

彼らを扉のところまで見送っていきながら、最後の瞬間、彼は彼女の腕を軽く押さえつける。彼らは中庭に下りて待っている。住所の交換。暗黙の取り決め。緊張症的なてんてこまい。機械の腕。腕木信号機。臍の緒でしめつける。見えない格子。玩具箱のなかを引っ掻きまわしながら。ランジェの磁器。たんなる仄めかし。不確定な細分化という仮説と、それがブロックとして剥離し、いくつもの線に分岐するという可能性。追従。内輪のいがみあい。彼らは彼を追いつめるだろう。

想像界のちゃちな家主。一握りの砂。ビノー大通りのベンチに座

内輪のいがみあい　「Viscères」（内臓）は「vipères」（蝮）の誤記か？

った若いマルセル。前打音（アッポジャトゥーラ）。未決の物語風の控え、数千枚。彼は彼らに猛暑に備えて前腕を濡らしておくよう勧めた。マンハッタン。駐車場（パーキング）。鉱滓（スラグ）。グレムリン。待つのは嫌じゃない。なんでも来いだ。青いネクタイをした男が彼をしつこく見つめる。最初の交差点を左に。パチンコの玉の狭い出口。奈良では彼らを見ようとして黒い制服を着た小学生たちが列に並ぶ、奇妙な動物でも見るかのようだ、人なつこい鹿にビスケットをやるときのように、そのため屋台でビスケットを買うときのように。晴れた日曜日。ギュスターヴ・モロー。いくつもの芝地。

彼はブリッジ・ゲームをするつもりで町の中心の円形広場にいるはずだ。パン屋の前を通りながら。連弾ピアノ。ふたつの乳房の噴出（エリュプシオン）－闖入（イリュプシオン）。契約の櫃。ふたつのビルディングのあいだに張ってあるロープ。不安定な板。犬が一匹吠えている。ゴミを降ろしておいて。消防車。ポールが腕をくっつけなおそうとして溶かしてしまった鉛の兵隊。鉛に滲んだ色。三つの小箱。緑色の仏像。錆に蝕まれた歩道橋。彼は彼女の眼を覚まさずに起きた。薄明かりのなかで服を着た。前日に紐を解いていなかった靴を無理やり履いた。

若いマルセル　前出ヌイイ＝シュル＝セーヌのビノー大通りのテニスコートにて一八九一年、作家のマルセル・プルーストがテニスのラケットを手にギターを弾くまねをした写真が残っている。

前打音　装飾音符。

契約の櫃　ヘブライ人がモーセの「十戒」を納めた箱。

ポール　ガタリの次兄。

彼はこっそり出発した。ある日、あるドア。ある夜……　ある夜。どこへ（クォ・ヴァディス）。彼女好みのタイプのジョフレー。事の顛末。脆いだけになおさら。宇宙的虚脱状態。カールは反対意見。市役所のそばのカタツムリ。

シニフィアンのタール。舌の先で。プラットフォームに座って、リヨン駅、ユーゴスラヴィアへの旅団を組織して出発したとき。光沢のある、乳色、半透明の緑。アニックをさがすために原付自転車でナンテールの平野を横断、彼女の父は鉄道員だった。感情の瓦礫。石膏で固めたような顔。ある日、庭。ある夜、図書館のガラス扉の反映。そんなやり方では切り抜けられないぞ！　不在。あいつ。やつに口髭を落書きしてやれ。

時間が膨張し空間が分断され、そして脾臓と衰えた脾臓とゴムの木、コスメル島の椰子の木のあいだを渡る風、出口をふさぐ垂直な日差し。マルセラの猥褻なデッサン。親指の爪で弾くグリッサンド。コンクリートに鏨。死霊たちのジャヴァ。ありあまるほどの直接的与件、容赦なく、よどみなく、ごく簡潔に。曲がりくねった内部。

リヨン駅　パリ十二区、国鉄のターミナル駅。

ユーゴスラヴィアへの旅団　コミンフォルムから除名されたユーゴスラヴィアの独自路線を支持すべく現地に派遣され種々の作業に従事した青年団。ガタリは一九四九年、旅団責任者としてユーゴに渡った。

アニック　戦後まもなくフェルナン・ウリが指導する「青年の家」で出会ったガタリのガールフレンド。

ナンテール　パリ郊外北西部、イル＝ド＝フランス地域圏、オー＝ド＝セーヌ県。

コスメル島　メキシコのユカタン半島東海岸側に位置する島。

わが軍（レジオネール）は外部に。またはその逆。針の切っ先に一滴の血。エメ・コットンの電気磁気天秤。彼らはよりを戻すだろうか？　これからの彼に必要なのは自分の事業に専念することだった。

微妙なちがい。鈍い反復。洗面台の縁（へり）の額。びくついている顔面との再会。ド、ラ、シ、ソ。悪友とのつきあい。混合の法則。でも忘れるなよ。数々の交配、増殖。抽象機械、あなたの美しさが私たちを酔わせる。もう何も期待することはない。彼女はドアに鍵をかけて去ってゆく。前未来。アスピリンの箱の青みがかった緑色と、スコッチマジックテープの緑の色合い。四十年ものあいだ。グスタフ・クリムト。彼女はいまロワイヤル通りにある帝国様式の二本の柱に囲まれた邸宅に住んでいて、一階の客間は透かし模様のある鉄骨づくりの巨大な温室につながっている。あなたに再会できるとはなんという喜び。皮膚のなかの十二発の弾丸。サン゠ピエール橋のコンクリート製のふたつのアーチ。青と黒が混じった半透明の小さなクリームの器。

遅れる恐れ。歩き、へとへとになり、あるいは喘ぎながらそこに

エメ・コットン　Aimé Cotton (1869-1951). フランスの物理学者。光とキラル分子（内部に対称面をもたない分子）の相互作用の研究で知られる。

サン゠ピエール橋　正式名称サン゠ピエール゠デュ゠ヴォヴレ橋。同名の町にありセーヌ川に架かる。

へたりこむ、すべての道がおちあう十字路。メーグルモン、サン＝イヴ叔父の城館と農場。夜明けの大木の下の馬の群れ。クルブヴォワに戻る前だった。下の温室に通じる掃き清められた広場で、彼に嚙みついたか嚙みついたかもしれない犬。撞球（ビヤール）－掠奪（ピヤール）室のマネキン、死体（コープス）、身体（ボディ）。階段の下、食堂のなかの声。もう寝る時間よ。いつも時間だ。朝、石の階段で中庭に通じている地下室－台所。大きな食卓についたポール・サン＝イヴは子供の訝しげな目を前にしてパンで卵を砕いてよいものかためらっている。入口のポーチに屯している恐そうな鵞鳥たち。しかしたぶん、それは一枚の写真にすぎなかった。ルーヴィエの高いところにあるマイ広場。マノン・レスコー。滴が落ちるたびにジャン・マリーは驚いて大騒ぎする。七、八、九、そして新しいバスケット。あんたらはきっとまた何かしでかすだろう。悔恨も努力もなく流れる。ピエール・オディジェの妹。もし人生をやりなおさなければならないなら。

一粒の麦死なずば。流れが途絶えることの恐怖とおとなしくそれに浸るということ。さあ、彼らはどう考えるだろう？　口髭をひねりながら判断し値踏みする他者がそこにいる。ピエール・フランク、

クルブヴォワ　パリ郊外北西部の都市。「ヴィラ・ジ」の注（一一ページ）参照。

撞球－略奪　原語「billard-pillard」。作家レーモン・ルーセルの創作の鍵となった語呂合わせ。

ヴラマンク、モーリス叔父、一九〇〇年様式の鉄柱のある大部屋、グランド・ジャット島、第四インターナショナル。ベルナデットは会合をじろじろ見ている。彼女はカールがいることにも自分に視線が集中していることにも気づかないふりをしている。やがて彼女は踵を返す。そして氷のようなまなざしのあのロシア人。彼女は、ロワンダル通りの陸軍士官学校の前を歩いていた。鉄格子のむこうでくたびれた欲望。そこから始まって。チュールのヴェールのなかを通り抜ける風。日当たりのよいバルコニー。彼女は彼を待っている、裸で、なげやり、髪も乱れたまま、汗を流して震えながら、精液に濡れた体で。彼は隣の部屋に行った。ウィスキーを二杯。彼はひっきりなしに電話をかける。

城館に近づくにつれて彼の足取りは重くなる。物語の一貫性。ルイス修道士。運命的一瞬。結局同じこと。先を争って。塵。目盛りはゼロ。かまとと。兎の食べる草。ジャガイモ袋を背負ったヴィクトール。リンボク酒。一方には鉄道の線路、他方にはセーヌ川沿いの小道。あっちはポルト＝ジョワの丘。

第四インターナショナル　一九三八年、トロツキーがスターリン支配下のコミンテルン（第三インターナショナル）に対抗して結成した共産主義国際組織。

ベルナデッド　もっとも頻出する女性。カールやジョフレー同様に実名ではないと思われる。

ロワンダル通り　パリ七区、陸軍士官学校前の通り。

ルイス修道士　マシュー・グレゴリー・ルイス（Matthew Gregory Lewis, 1775-1818）。ゴシック小説『マンク』（一七九六年）で知られるイギリスの作家。

そしてドラマ、いやドラマなんかじゃない、かわいそうなまぬけ、人生の悲劇！　タイル張りの床の石鹸水。マタラッソ。アヌシュカ。ブーリバ隊長。彼女に追いつこうとして彼は狂ったように走る。なぜ彼女に言ったのか、また彼が通りをさまようのを見たと。セントラル・パーク。百貨店が立ち並ぶ道を飾るクリスマスの花輪。オーギュスティーヌ叔母の玩具の火花。赤、緑、金色の襞、銀紙、エメラルド、鋼鉄の球。リー・ストラスバーグ。マリリンの白いピアノ。息を切らして。汗が眼に浸みる。彼女は彼を聖堂に連れていった。彼は他の人びとと一緒に歌った。人生のドラマというよりはむしろ事物を貫く横糸。針路はこのまま。潜在的なものの一貫性。堂々としたリトルネロ。自由思想の伝統に忠実な父は彼らに洗礼させることを拒否した。鉄の柱。失楽園。〈理性〉の内在性。齧られる骨のような有限性。教理教育というビタミンへの郷愁。亀裂に対するワクチン。何が起きたのか。フール通りとプランセス通りの角、大学食堂の前で、ＵＥＣの一派の先頭にいたリュシアンは「オクシダン」の用心棒の一団にひとりで突撃する。ラスパイユ通りでフランソワは彼に舗石を差しだす。さあやれ！

リー・ストラスバーグ　Lee Strasberg (1901-1982). オーストリア出身のアメリカの俳優、演出家。アクターズ・スタディオ芸術監督。マリリン・モンローは教え子のひとりで、母親が手放した白いベビーグランド・ピアノを買い戻し愛用していた。

フール通りとプランセス通り　いずれもパリ六区。

ＵＥＣ　共産主義者学生連合（Union des Étudiants Communistes）。フランス共産党の学生組織。

「オクシダン」　一九六四年結成のフランス極右集団。

ラスパイユ通り　パリ七区、六区、十四区を横断する大通り。

フランソワ　映像作家フランソワ・パン（François Pain）。ガタリの友人。

われわれはいつでも勝利する。必ずしも深刻な棘ではないが、眼のなかの塵。アルビエ・ル・ヴィユー。メーグルモンのルイーズ叔母さん、マドレーヌ叔母さん。デカルコマニー。窓ガラスにはりつけた中国の花。リュステュクリュ父さんの範列(パラダイム)。パン屑を丸めた塊。親指太郎。〈悟性〉の概念における飽和、ついで実践〈理性〉における飛躍。セントラル・パーク西側に沿った道をカールは走りつづける。ジョフレーはウィスキーの入ったグラスをもっている。ベルナデットは鉄柱の部屋から出てゆく。ポリーヌはローマ近郊の大理石の階段を昇る。ところがガラステーブルの型式がわからない。私は会の始まりを告げる。転換子(シフター)。地下鉄のプラットフォームに影絵を浮かびあがらせる恐竜たちの行列。出会ったばかりの男に彼女は夕食に招かれた。中年のカップルたち。照準線。地雷原。スウェーデンかぶ。会食者のひとりが席から立ちあがり、彼女に近寄り椅子から立ちあがらせ、床に倒しスカートをめくり愛撫しはじめる。彼女はされるがままで、次には男たちみんなが順番に彼女を犯す。サンク＝マルス＝ラ＝ピル。ガストン・ルルー。黄色い部屋の謎。切り出された白くて砕けやすい石づくりの立方体の部屋、そこに双子の姉妹が住んでいた。

アルビエ・ル・ヴィユー　フランス南東部、ローヌ＝アルプ地域圏サヴォワ県。フェルナン・ウリ率いる「青年の家」のキャンプがおこなわれた山村。ガタリは一九四六年、ここで同じラ・ガレンヌ・コロンブに住んでいたミシュレーヌ・カオと出会った。

リュステュクリュ父さん　フランスの童謡「ミシェル母さん」の歌詞に出てくる人物。

ガストン・ルルー　Gaston Leroux (1868-1927).『オペラ座の怪人』（一九一〇年）で知られるフランスの作家で『黄色い部屋の謎』の作者。「黒い女、黒い武器」の注（一一ページ）参照。

ナターシャ、ラ・クローズリ・デ・リラの赤毛の女。最初の道を左へ。懸垂下降。ジャンヌ女史。肉薄しなさい。侵略者たちは料金所を制圧した。地平線の誕生。これは漠然とした厳密性という問題である。投げ釣りをするとき、糸をたるませておくように。みんなのうち誰が死んだのか？　彼らは彼を引っぱり、木靴の形をした板の上に乗せて滑らせた。彼らはそんなことに慣れているようだった。脳の砂漠地帯。鷲座（エーグル）通りの中庭にある花盛りの三本のマロニエの木。母はいつも手前に存在する、これが出現の本質だ。フロイトは匂いを重要視した。地下鉄のカラフルな車両。これ以上探すな。サン＝ピエール橋の後方、曲がり角（カーヴ）の農場で彼らは立ち停まった。問題は卵だ。彼らは物置小屋に避難した。曲がり角（カーヴ）の手。エリュアールのテクストをもとにマン・レイが描いたデッサン。エッシャーの描いた手。軌道を屈折させること。自分を軸として旋回すること。たいしたことじゃない！　クリナメン機械。ヴィロフレ。娘と家。ばらばらにされた垣根。サン＝イヴの別荘の錆びた温室、ウール川沿いの駅近く、旧紡績工場の並ぶ道にあった。藻の微笑。そして彼はまだ私に話しかける。双子葉。ペルーのバルサム。緑色の太陽。ブラ

ラ・クローズリ・デ・リラ　パリ六区、モンパルナス大通り沿いにあるカフェ－レストラン。

マン・レイが描いたデッサン　ポール・エリュアールとの共作になる詩画集『自由な手』（一九三七年）。

ヴィロフレ　イル＝ド＝フランス地域圏、イヴリーヌ圏ヴェルサイユ郡の町。

ウール川　ルーヴィエをはじめサントル地域圏のウール県、ウール＝エ＝ロワール県を流れるセーヌ川支流。

ペルーのバルサム　薬草の類。

ックコーヒー。私は歩いた。私は値切った。途方もない約束。現行犯。

待ち合わせの罠。カールについて話すために。忘れたがっていた彼女。ジョフレーにとって、それはただいきずりの興ざめな誘惑にすぎなかったのに。彼はル・アーヴルから電話してきた。幼なじみを探して。かつての港湾労働者。岩だらけの湾曲（カーヴ）から手があらわれる。雨上がり、イボタノキの生垣の上にいる蝸牛の角に軽く触れる。

誰が何をなんだって！　風がおれたちに何を望んでいるというのか？　喜びの送り手、喜びの運び屋。おれは小さな滴の雲のなかで身を震わせる。「大自然」を口実にサン＝ピエールに送られた。Rの脱落。ライオン先生のたまわく。扁桃腺の医者。実際、工場と父の鬱病を気にかけたあまり、彼女はもう「いちばん小さい子」の育児に耐えられなかった。オイルクロス。だってしょうがないもの！　母性愛（Mütterlichkeit）の断絶。ガブリエル・フォーレという名前の上で帆船たちの影が踊りバランスをとっている。カジノのあるほうのカシス防波堤。舷側を護るために波止場に引っかけてあるタイヤ。

「大自然」を口実に　以下はガタリがサン＝ピエール＝デュ＝ヴォヴレの祖母の家にひとり預けられた背景を記している。ガタリは三人兄弟の末っ子。

カシス　プロヴァンス＝アルプ＝コート・ダジュール地域圏、マルセイユ南東の港町。防波堤は新印象派の画家ポール・シニャックが描いたことでも知られる。

タール。アスファルト。ほろ酔い気分の新兵（コンスクリ）の運転する車輪の隙間から覗くストロボスコープ。わが友ピエロ。クランクの逆転。ガラガラをもったオイディプス。

手。煤けた夜。彼女は歩く。スラローム、サーフィン。私にちょうだい。待って。小さなやぎ髭遊びをやろう。私はそう言った。新聞紙のコラージュ。ブラック。聖母マリアの最後の眠り。もっと光を（Mehr Lichit）。なんてどじなんだ。なんてどじなんだ。石蹴り遊び。倒錯的な間抜けたち。目隠しされた両眼。壁につけた背中。マグロワール親父。スコピエ。サンティアゴ・ホテルのざらついた壁。彼らは下で君を待っている。彼女は彼といっしょに戻ってもよかったのに。だが高慢ちきなもうひとり。ハイオク満タン。オイル点検。バスターミナル。鉄枠で補強したケースの配達。時間がない。すべきことが山積している。カドゥムの後ろの、ありふれた四、五階建ての建物。ひとつめの小道。浮浪者が住み着いた格納庫。テラス、ロープにかけたシーツ。雲、ああ、よくわかっている。バルパライソ、二重母音にアクセントをつけて引き伸ばす。苔（ムッス）。貧窮（ムイーズ）。ロモン通りの角に突き出たカフェ。

ブラック　フランスの画家ジョルジュ・ブラック（Georges Braque, 1882-1963）。しばしば新聞紙を用いて制作をおこなった。
マグロワール親父　フランスの印象派画家ギュスターヴ・カイユボットが描いたノルマンディーの庭師。
スコピエ　東欧マケドニアの首都。
ハイオク満タン　原文は「Le plein de super」。アラン・カヴァリエのロード・ムーヴィー（一九七五年）のことか？
カドゥム　「Cadum」。フランスの石鹸の商品名および企業名。
バルパライソ　南米チリの港町。
ロモン通り　パリ五区にある通り。

果てまでたどりつかず。大いなる車輪－運命。シネアック。阿吽の呼吸。憐れな間抜け。彼の亀頭は宇宙（ユニヴェール）を支配し痙攣する。よくぞそこまで。目盛りゼロ。彼女はぼろぼろになって去る。壊れた頭。そして母性愛、それをきみたちはどうするのか？　ガールの水道橋。断絶の眩暈。母さん、おなか減った。彼は両手の甲をタバコの火で焦がした。毎週末ほとんど昼も夜も私が世話をするときだけ彼の具合はよくなった。私がパリに戻ると、また彼は一週間寝込んでいた。城館にいた残りの者たちは彼にうんざりしはじめていた。ときおり、私は彼をオートバイで連れだし、リュシアン、ピエール、そしてミシェルに会わせた。ムッシュー・ル・プランス通り。ゲ＝リュサック通り。恋路の地図。

透かし彫りを施した鋳鉄のプレート。ジョフレーの住む建物に面したクレーンの足。彼は登っていくのだろうか？　ある男がエレベーターから出てきて彼をおかしな目つきで見る。万全か確かめるために油差しを持って戻ってくること。何も散らかしておかないこと。上のほうでは招待客たちが踊っている。ピアノの前に座りたい。で

シネアック　オランダ、アムステルダムのニュース専門映画上映館。

ピエール　ピエール・クラストル（Pierre Clastres, 1934-1977）。フランスの人類学者。「原国家」の概念を創出した『国家に抗する社会』の著者。

ミシェル　ミシェル・カルトリー（michel cartry, 1931-2008）。フランスの人類学者。ピエール・クラストルと同様、ガタリの友人。

ムッシュー・ル・プランス通り　パリ六区にある通り。

ゲ＝リュサック通り　パリ五区にある通り。

恋路の地図　フランス十七世紀の作家マドレーヌ・ド・スキュデリの恋愛小説『クレリー』（一六五四年）に出てくる架空の場所の地図。「無関心の湖」や「危険な海」など恋心を地理的に寓意している。

も彼はもう、何もそらでは思いだせない。欄干の上で。おまえはオリーヴをひとつ食べた。冷やかし。彼を殺したい気持ちになった！降りる三段前。切手収集が趣味の仕立屋。鳩（コロンブ）通り。ガス工場。日常性の諸公理。音楽的瞬間。ルーアン通りの祭のため彼らにカスタネットが配られた。彼女はオーブンのなかに薪を入れなおす。頭をぶつけないように注意して。それは彼女にだって起こりうることだ。即死することだって。彼はそこにじっとしたまま。屍体。ボディ。メーグルモンの撞球場にいるマネキン。彼らは彼を迎えに戻ってくるだろう。モンソー＝レ＝ミーヌの大規模なストライキ。クルブヴォワに戻る。彼の師の声。黒獅子。彼女は結核に罹っている。注意する必要がある、どうやらそれは彼らを性的に興奮させるようだ。

首のしこり。自閉症的な二重写し。お尻ペンペン（パン・パン、キュル・キュル）。瞬間の鱗。タピオカ。小型帆船が接岸する。灯の反映。河沿い（リヴァー・サイド）。砂漠の地平線に合わせた焦点距離。先史時代の鳥たち。分水嶺。石灰石と燧石。ヴィクトールとの散歩の時間、ペルピニャンのホテルの窓ごしに点滅する信号、アメリカ的背景の、明るい光線をちりばめたガラステーブル。手が伸びる。合弁事業（ジョイント・ヴェンチャー）。たった一滴。まだ子供のころ、

鳩通り　パリ郊外北西部クルブヴォワにある通り。

ルーアン通り　同じくクルブヴォワにある通り。小学校（アレクサンドル・デュマ校）がある。

モンソー＝レ＝ミーヌ　ブルゴーニュ地方の炭鉱町。

ペルピニャン　フランス南部ラングドック＝ルシヨン地域圏ピレネー＝オリアンタル県。フランス領カタルーニャの中心都市。

彼は運動場で仲間をとりしきった、自分の仲間だけではなく敵対する一団まで。表意体。ル・マトレ通りを漂う匂い。果物の籠、菓子屋の天窓、黴臭い梁。非形態的知覚。棒きれ、数字、文字。私は私を。ではないか。差出人に返送。彼は行く。甘く苦い。まさしく。蓋をあける。傘をすぼめる。クロダイコン。妊娠する前に彼女がその意志を伝えていたら、たぶんそれで十分だったのに。

なにやらもぞもぞ言っている。私の心を優しく揺すっておくれ。彼は彼らの結婚の証人だった。マズルカ。マウントオリーヴ。ラドガ湖。ムルマンスク。二輪馬車の上、引っ越しのとき。ノルマンディー通り。フォーヴェル通り。ジョフレーがしていたことといえば、ときたま姿を見せることだけだった。だが手痛い打撃を受けるたびに、たとえば逮捕があったような場合、彼は姿を見せた。ペトログラードのレーニン。装甲列車のなかのトロツキー。あなたたちは社会的戦争機械を避けて通れないだろう。ジョフロワ＝サン＝ティレール通りの物件を掌握することについてシモンは自信をもっていた。そこを本屋にしたかったのだ、カールはそこの所有権を奪われてしまった。だが当時の彼にはまだ金の心配がなかった。

表意体　原語「representamen」。アメリカの哲学者チャールズ・サンダース・パースの概念。

マウントオリーヴ　オリーヴの山。あるいはイギリスの作家ロレンス・ダレルの小説『アレクサンドリア四重奏』第三部（一九五八年）の同名主人公か？
ラドガ湖　ロシア北西部の湖。
ムルマンスク　ロシア北西部の都市。
ノルマンディー通り　パリ郊外北西部クルブヴォワ、ウジェーヌ・カロン通り（南端）とフォーヴェル通り（北端）に挟まれた通り。
フォーヴェル通り　パリ郊外北西部ラ・ガレンヌ＝コロンブとクルブヴォワの境界に位置する通り。
シモン　ガタリとともに雑誌「共産主義の道」にかかわったシモン・ブリュマンタル（Simon Blumental, 1927-2009）のことか？

赤いカーテン。赤茶色の月。倍にして転売する。遠慮なし。もちろん、緑の光線に包まれたワイン棚、腰かけ、洗浄用ブラシ、餌食を待つ蜘蛛、比べようのない差異。石炭用シャベル。彼は一匹の鼠に向かって拳銃の引き金を引く。レピュブリック広場近くにある映画館の緞帳、コンデ通りの映画館、深くこもった赤ワイン色、腎疝痛の夜を過ごした後、鎮痛薬が効いてきたとき、果てしない観照の対象となる。あのあたりに触れられるとき。ジムノペディ。彼は落ち葉を掻き集める。差しだされる手。けっして慣れることはないだろう。議員選挙。彼ら全員のため外は毎晩明るい。ひとつめの廊下を右。彼は彼らの世界の一部をなしていた。消灯。彼は降りようと決意する。無期限の猶予。窓際の犬。飛ぶだろうか、恐れもなく非難もなく衒いもなく羞恥もなく。羊飼いの少女。マホガニー。

ピアストルの問題。目を閉じてかわいい人。科学的証拠。襟首をつかまえる。胸倉をつかむ。アルキメデスの梃子。瀕死のシャルル叔父、苦痛の衝撃に備えるために、自分でベッドの足下に結わえておいた綱にすがりついた。みんな器用仕事のため。輪ゴム、波型板

レピュブリック広場　パリ三区、十区、十一区の境界にある広場。

コンデ通り　パリ六区、オデオン座近く、リュクサンブール公園の北にある通り。ラボルドに移り住んで以後一九八〇年代半ばまで、ガタリはコンデ通り九番地のアパルトマンをパリの拠点としていた。

ジムノペディ　フランスの作曲家エリック・サティのピアノ曲（一八八八年）。

ピアストル　旧インドシナなどかつてのフランス領で使用されていた通貨。

金、蛇口、ワッシャー、やすり、ねじ山の間隔。概念の道具箱。殴りあいになるだろう。叔父が亡くなってから彼はソフィの家で暮らすことにした。民衆は何を要求しているのか？　バミューダ諸島の魔の三角地帯、ラ・ロシェルとセント＝ローレンス川の小さな鰻。メキシコ湾流（ガルフ・ストリーム）の往復。始祖鳥。カモノハシ。

それは明らかだ、明白だ！　サルトリス通りにあるホテルのなかで、カールの部屋についての彼の描写を読んだソフィの反発の表情。裸電球。地面の綿毛。リュックサック。フルート、ハーモニカ、雄山羊の皮を張った水筒。水中の手。フェルナンはプールのなかで彼を押した。アルビエ＝ル＝ヴィユー。一九四六年の最初の遠征隊（キャラバン）。日付を記すだけ。同心円状の波。なじまずになじむこと。必要十分な一貫性。厳格だがちぐはぐな基準。縁から一滴の雫も落ちない。放射性の特異性。あらゆる試練に耐える他者性。存在論的定言命法。弾力の限界までおまえは引っぱる。

不均質なところのない平坦な図面。シャク蛾、捻挫、スカーフ、ファロス。卵をくしゃみする。二日酔い。彼は居間で手足を動かし

ラ・ロシェル　フランス西部ポワトゥ＝シャラント地域圏の港町。

セント＝ローレンス川　カナダ東部を流れる川。北米大陸の五大湖と大西洋を結ぶ。鰻の回遊にふれたものか？

フェルナン　制度論的教育学の創設者フェルナン・ウリ（Fernand Oury, 1920-1998）。ラボルド精神病院創立者ジャン・ウリの兄。

ていた。他者と性。急カーブ、ヘッドライトも点けずに。なにごともそれにふさわしい機会がある。白い問いに向けられた青い視線。こんなところでくすぶるつもりはない。彼はコートをはおり、帽子を被り、傘を持ち、やかましい音を立てて洟をかみ、咳払いをする。種の種(エスペス・デスペス)。危うい均衡。耳のなかの毛。妖精カラボス。ギピュール。尺には尺。Usted(ウステ)の気の向くままに。

彼女の乳房がすごく形のいい小さな乳房でありますように。彼女を愛撫してから半分侵入するといい。彼女が彼の母だとよい、彼らの結婚式の写真のように。*Prosper youp la boum!* シャク蛾(ファレーヌ)、ファランステール、装飾品(ファルバラ)。あまりにもこれ見よがしな彼女の誘惑。男まさりの女。仰天することばかり！ 公爵の約束にもかかわらず共和主義者たちはみんな寝ているあいだに殺戮された。もはや暗号はない、インターフォンがあるだけだ。不透明な白っぽいガラス窓。待合室。それについてはもうふれない、だが彼の人生は危険を脱した。メーグルモンの温室。砂利のなかの犬の糞。猥褻な撞球場(ビヤール・パイヤール)。シャントルーのユース・ホステル。あんたらには何も隠し通せない。問題はそこにはない。地下にはりめぐらせた通信網を断ち切ってはなら

妖精カラボス　フランスの詩人シャルル・ペローの童話『眠れる森の美女』に出てくる邪悪な妖精。
ギピュール　香水の一種。
Usted　スペイン語で「あなた」。
Prosper youp la boum!　フランスの歌手・俳優モーリス・シュヴァリエの歌のタイトル。
ファランステール　十八―十九世紀の社会主義者シャルル・フーリエの提案した協同組合社会。

なかった。酒倉の奥にひとりの魔女。われわれは千人から二千人だった。これらすべてがまた包囲、渦巻、段状、標的となり、頭上にあげた手、雇用保障、御座船（ガレール・レアル）とガレアス船、トゥリレーム、コルベット艦、ゴンドラになるとき。

カールは夢遊病者のように河沿いをさまよう。蚤の市。ヌ・ヌの祭。ウジェーヌ・カロン通り、郊外電車のうなる音。ポン・カルディネ駅。階段を三段降りると大きなバケツが並んで煙を上げている。彼は彼女とふたりになりたかったのに。広がる霧。彼女はあっさり幸せな結婚をしようとしていたのか？　ロワイヤル通りの邸宅。すべてはアングルによる。必要十分条件。まずはモベール広場のアングル、ピアノ店アンダース、ロモン通りのカフェテラス、そしてマンハッタンの絵葉書のようなあの建物。それにパレルモのアングル、彼女が戻ってくるのを待ちながら。ル・ヴェール・ギャランでデート、十年後、二十年後。建物の正面。その突出部。四分の一秒のまなざし。筆先のおべっか、いわば脈があるということ。

　おお広き野よ。莫迦者（ビューズ・マビューズ）が私に付け込む。女神（ミューズ・マミューズ）が私を楽しませる。

トゥリレーム　古代ローマの帆船。

ヌ・ヌの祭　パリ郊外北西部ヌイイ＝シュル＝セーヌで毎年おこなわれる大規模な蚤の市。

ウジェーヌ・カロン通り　パリ郊外北西部クルブヴォワにある通り。

ル・ヴェール・ギャラン　パリ一区、シテ島西端にある公園。

おお広き野よ　ロシア民謡のタイトル。

もうやめて！　鋭い視線。猛暑（フルネーズ）。マヨネーズ。幻想の地平。彼は彼女を説得しようとしていた。ぼくはきみの数々の浮気を我慢できるだろう。理由を説明してくれて、彼女自身の幻想の方向に溢れかえっているものが何か詳しく教えてくれるなら。餌用の虫に釣り針を刺したとき滴る青緑色のはね。糸がもつれる。彼は膝をぶつける。運転免許証剥奪。優美な屍骸（カダヴル・エクスキ）の時代のソムリー。すんなり片づいてしまう。一言もない。沼での釣り。明日の朝六時に待ち合わせ。斑点。彼は彼女の手をとる。切れ込み。スポンジ。根。メラニン。詐欺師。玩具箱。予想もしなかった瞬間。

　マッシタ。綱渡り芸人。鹿革の手袋をした手。近視の心。あとはなんとかやっておく。細かいことにはこだわらず。割れたフロントガラス。城館の付属地は多数の制度的理由を口実に再編された。生きられる空間がそこではけっして一筋縄ではない。夢幻の地図作成者。緑の眼をした白い犬。仕掛けを解除するために軽くはじく。白髪の緑色の猿。結局それをやってしまうのか！　発泡する水。爆竹の音。そんなつもりはない。みんな彼女を見ている。あんまり見え見えのやり方で彼女に言い寄らないよう彼は用心していた。ほとん

優美な屍骸　シュルレアリストがおこなった偶然に言葉を並べる実験的遊び。

ソムリー　サントル地域圏、ロワール＝エ＝シェール県。ブロワ東方のソムリーには、ジャン・ウリが一九五三年にラボルド精神病院を創立するまで勤めていた診療所があった。一九五〇年末、ガタリは同郷のウリに呼ばれ長期滞在。以後パリとのあいだをバイクで往復するようになる。

ど彼女を避けていた。そして誰もが驚いたことに、ある夜の集いのとき、彼女は彼の膝の上に座ったのだ。今日でもなおそのことが彼には信じられない。彼女に会うためモーターバイクでラ・ガレンヌ＝サン＝ドゥニへ。大聖堂の前にある小さな家。ちょっと散歩をしたはず。彼女の家族たち。ヴォージラール通り、郊外の大通りから遠くない工場の出口で彼は彼女を待ったことがある。

彼らは数え切れない。あらゆる方向に流れてゆく。ディエンビエンフー。窓から覗く機関銃。もうあそこには足を踏み入れないだろう。うだるような暑さ。彼は自分の凡庸さが嬉しい。

ヴィルジュイフの珪石でできた家。一種の共同体。彼女はある研究所に身を落ち着けた。階段のケーブル。いたるところに電気機器。彼女に会いに来るとき、彼はいつも自分のＢＭＷを家の前に停めていいものかためらう。だがそこから一〇〇メートルほど離れたところに停めるともっと気がかりだ。子供たちが彼に声をかける。シュポール・シュルファス。繊細な食人。安藤忠雄の突飛な面構成。あいかわらずカールの消息なし。

ラ・ガレンヌ＝サン＝ドゥニ　パリ郊外北部、イル＝ド＝フランス地域圏セーヌ＝サン＝ドゥニ県の都市。「フランス王家の墓所」と呼ばれる大聖堂がある。

ヴォージラール通り　パリ六区、リュクサンブール公園の北をまわり、十五区南の市境に達する通り。

ディエンビエンフー　一九五四年、インドシナ戦争最大の戦闘が繰り広げられたベトナム北西部。

ヴィルジュイフ　パリ郊外南部、イル＝ド＝フランス地域圏ヴァル＝ド＝マルヌ県の町。

シュポール・シュルファス　一九六〇年代後半、おもに南フランス出身の美術家たちによって推進された芸術運動。

悪循環。ある言葉には別の言葉。ゴム長靴。とるにたりない不可逆性。彼女の赤毛はたびたび束ねてヘア・バンドで結えなおさなければならない。時間生物学科。電子顕微鏡に映るバクテリア。空胞とミトコンドリアの痙攣。ベルナデットの眼。その時間、研究所は無人だった。これといった目的もなく彼女はふたたび上っていった。オシロスコープ。彼女は印字機のリボンをたぐりよせた。リズムの形態が彼女の関心を惹く。彼女はそれらの輪郭を赤いフェルトペンでなぞる。彼女の肩に手をかけた。何してるの？　もうみんな帰ったよ。

自分の利益に適ったことをしなさい。凍結。消灯。誓って言う、彼らはしめしあわせた。メトロの駅「テレグラフ」のエスカレータ。扉の上に鼠が一匹。彼女は彼の辞書を放り投げるが当たらない。時間はまだ解離していなかった。鏡を通り抜けていく。家族全員の間を、彼女は見られずに行ったり来たりする。黒い武器。エミリア叔母。委ねた手。ヒロシマへの原爆投下のニュースと結びついた菩提樹の小道。少しずつ。彼女は彼を隣の部屋に引っぱっていく。砂の

「テレグラフ」　パリ二十区北、ベルヴィル通り沿いにある地下鉄十一号線の駅。

なかに埋まる。どの角も錆びついている。反対意見のある者！　サン＝ジェルマン＝アン＝レーの城館の下のほう、広場のはずれにレストランがある。なんのとりえもない娘を執拗に口説くジョフレーを前にしたカールの驚き。鉄柵を閉じる。電話をくれてありがとう。彼らは歩道橋の上を駆けだす。

　ベラヴィスタ、小さな包み。香草。危機一髪。思う存分羽目をはずしたベルナデットは長椅子の上で爪を切っており、ジョアンはジョアンで化粧に余念がない。ジョアンは八歳。溌溂とした気性の彼女は大人たちに投げかける挑発的な考察によって注目を惹き、そのせいで大人たちは彼女をしばしば出しゃばらせてしまう。駐車場、ハイヒール、鉱滓。彼女は旧型スチュードベイカーのハンドルを握りながら彼女を待っていたスティーヴといっしょに車に乗り、アストル・ピアソラを聴きながら、数学の宿題の点数を調べている。愛しい人（スウィート・ハート）。鉛筆についた消しゴム（イレイズド・ヘッド）。混沌（カオス）の仮説を捏ねまわしたせい。危うい均衡。なまの素材を適切にアルゴリズムで処理した後に生ずるストレンジ・アトラクタ。存在論的欺瞞。ジョフレーの自信たっぷりなふるまい。

鉛筆についた消しゴム　デヴィッド・リンチの映画『イレイザーヘッド』（一九七七年）の題名か？

広げた両腕、青味がかったゼラチン状の塊のなかで凝固し、次には胎児の姿勢で赤みを帯びた照明の下。いつも同じ出会い。ミチョアカンのパスクァロ湖で。庭仕事。ベッドから下りる。彼は私を。私は着く、私は降りる。私は何を見いだすのか？　数々のスティグマ。ジャヴェル・ラクロワ。ダチュラ。チチェン・イッツァ。テワンテペック。テグシガルパ。怒りの歯車。それで！　私の写真がほしい？　何か書いてくれ、と彼は頼まれた。すでに嚙み砕かれたうまうま（ミャム・ミャム）。ちっぽけな家。もう二度と外に出ない。記憶の藻が揺れる。いかなる郷愁もなし。そうではなくこんなひとつの出会い、動物相と植物相にみち、知能を失い、ざらざらとして多孔質の、お誂え向きに癇癪持ちの出会い、動物精気をかりたてる……

彼は『水滸伝』の読書を再開する。有毒性香辛料。彼は自分の言説の砕け散る波に揺すぶられる。フーゴ・バル。キャバレ・ヴォルテール。マラ－ロマ。リバ－ブル。帰るときになった。赤い焔－緑の焔。だがきみは言った、そんなのはちっとも重要じゃないと。シャガダム。血が震える。みすぼらしい林檎。きみは頑なに耳を閉ざ

ミチョアカン　メキシコ中西部の州。
ジャヴェル・ラクロワ　フランスで売られている洗剤の商標名。ジャヴェルは殺菌・漂白用次亜塩素酸ナトリウム水溶液。
ダチュラ　チョウセンアサガオ。
チチェン・イッツァ　メキシコ古代マヤ文明の遺跡。
テワンテペック　メキシコ南東部の都市。
テグシガルパ　ホンジュラス共和国の首都。
うまうま　幼児の摂食を表現する擬音語。
フーゴ・バル　Hugo Ball（1886-1927）．ダダイズムを創始したドイツの詩人。
キャバレ・ヴォルテール　フーゴ・バルが亡命先のチューリッヒで開いた文芸カフェ。

すこともできる。ファイアンス陶器の犬たち。最終戦争（デール・デ・デール）。顔をひそめたジョフレー、半ば眼を閉じて。曇り空。黄ばんだ小さな塊の揺れ。砂利のなかの木切れ。子供がひとり転んだばかりだ。彼はびっくりして膝に刻まれた燧石の跡を見つめる。彼は涙を流さない。地面には赤いプラスティックのトローチ型のオブジェ。玩具箱に入っていたものだろう。彼らは明日それを拾うだろう。あんたたちはきっとまた何かしでかすだろう。

緑色の仏像は場所を変え引き出しからパスポートが取りだされていた。だが何も盗まれてはいなかった。ジュリー嬢。私はいつでもできる。頭のなかのショッピング・カート。ボワエルデュー。白衣の婦人。ビロード。痙攣。潜在的一貫性。ふたつのビルディングのあいだに張ったロープ。雪嵐。フェリチアは彼の訪問を受けて歓迎会を企画した。だが彼がふたりの少女といっしょにやってくるというので凍りついた。竹馬の上。黄水仙。瞼の下に巻きついた。霧氷の呼気。血が震える。ひとりでもふたりでもなく。もろもろの言語は自己矛盾する。銅と木。腕を体にぴったりつけなさい。

ジュリー嬢　スウェーデンの作家ストリンドベリの戯曲（一八八八年）のタイトルか？
ボワエルデュー　François Adrien Boieldieu (1775-1834). フランスのオペラ作曲家。
白衣の婦人　ボワエルデューが作曲した歌劇（一八二五年）のタイトル。

一時間走ったらメーターは33.333を指しただろう。すべてが変化することになっただろう。ギアをトップに。過去、現在、未来。「インターナショナル」の一節のように。すべてはいっそう垂直的になる。どぎつい色とともに、溌剌とした空気、バイエルンかポメラニアにでもいるように。ワルザザートかもっと南のザゴラあたりのように。あいまいにぼやけたままだ。やりかけた同じ身ぶり。最後に3になった瞬間、一滑り。急カーヴで。目が飛び出る瞬間。ほとんど玉突き衝突。彼は溝の縁(へり)に駐車する。荊や地を這う枝を潜り抜けて彼は歩く。この間抜けはどうするのだろう、くくり罠、狼の罠、落とし穴なんかにはまったら。森の狩人、荒地の覗き魔、本物のごろつき、土曜の夜に出没する狂った殺し屋につけねらわれたら。あなた流のオレンジと混ぜたジンと私なりの味つけ。どうしてそんなに早く発つのか、私たちには語るべきことが山ほどあったのに。

六週間経過。なんと言おうか、二ヵ月間、彼女は枯草菌の株に取り組んでいて予想外の結果を手に入れているのだ。他の研究、何百もの研究がけっして検知したことのないリズム。細胞膜と光度・化学作用・概日リズムなどの古典的パラメータ。だがそこにはB.x.S

バイエルン ドイツ南部地域。
ポメラニア ポーランド北西部からドイツ北東部にかけて広がる地域。
ワルザザート モロッコ中部の都市。
ザゴラ モロッコ南東部の町。

といった化学反応式以上の何かがある。スティーヴはノートをとるためにハンドルにもたれかかっている。小型電子計算機。自動車が一台、彼らの背後で停まる。ひとりの男が微笑しながらドアを開ける。やあ恋人たち！　彼らは出発し、ジャッキーはバックミラーに映った彼らのあとを追う。

ジャルディィム・アメリカ。離接的悟性、不調和的理性。盤の溝の上を転がる球。すべての期待。同種発生的ジェル。彼女は日本風の室内着をはおった。フェルナン・レジェ。圧延された分節化。あいかわらずピネイロスのトラック。小さな家に十五人で暮らしていたころ。家族の車をしまうための曲がった鉄柵。彼らが毎朝歩道を掃除する時。夜、啞然とさせる花盛りの肉体とともに髪をカールして彼女が家を出るとき。遠くからの身ぶり。彼らは唐突にやってきた。子供たちは木製の大きなライオンに重なりあうようにして乗る。彼らはポルトガル語で説明しあう。三番目の兄弟とその恋人はシャワーを浴びながら愛しあっている途中、ガス中毒で死んだ。交わす言葉の匂い。小さな庭の赤い花々のなかにいる一羽のハチドリ。

ジャルディィム・アメリカ　ブラジル、リオ・デ・ジャネイロ近郊地域。

マミータ・ユアニタ。特殊スラローム。ポケットのなかの握り拳。一滴の雫も落とさない。帽子、ブジョー爺さんの帽子。その名だたる先駆者たち。彼は問題に巻き込まれるばかりだった。活動家的共通点。皺だらけのなめされた肌、濃すぎる化粧。噴火のような侵入。窓辺に座っていた。もう一歩。仰向けになって水に浮いていた。反対の河岸。

あなたにはこれ以上言うまい。透かし模様。彼はセロファン・ロールの上に描いたイメージでちょっとした映画ごっこをしものだ。過ぎた要求はしてない！　ゴビ砂漠の辺境。速度の変化。幽霊たち。彼女は毎晩、夜通し彼に電話をかけるようになった。旅行を手配してチケットを買いヴィザの発行を請求する段になったとき、すべてが紛糾しはじめた。ろくでなし（ラカーィユ）―石ころ（ロカーィユ）。英雄たちのサイクル。白衣の婦人。黒い銃。毎晩、彼女が戸棚から出現する。神の影。

いらっしゃい。おかけなさい。他の人たちもいた。またたく間に。蝶番。オーギュスティーヌ叔母。結局のところ。ハロゲン・ランプ。思いどおりの勃起。射精の熟練。それでおまえが勃起不全でもたい

マミータ・ユアニタ　「mamita」は若い女性に呼びかけるときのスペイン語の言いまわし。

ブジョー爺さんの帽子　北アフリカ占領時のアフリカ駐留フランス軍の軍歌「ブジョー爺さんの帽子」の歌詞。

したことじゃない！　そのとき両眼、乳房、脊椎の山並、刻印、抱擁、彼女に叫ぼうとしてヴェローソレックスの後を彼が喘ぎながら走るとき、明日、絶対に忘れないでほしい、ヴーヴ・ラクロワ通りとシャン＝フィリップ通りの交差点。軽業師。方向を見きわめなさい。

ルーアン通りの学校を放校になった後もグループの結束を固めるために彼は手下のジャン＝ピエール・マルタンに指示を与えた。数ヵ月後に彼に会ったときの彼の幻滅、そしてもう続きはなかったと思い知った。塩の柱。あるボスの子供時代。すべてをたてなおすことはできない。ずたずたになった計画！　トルコ式便所。ビー玉の入った袋。背負ったリュックの芯。会議録ノート。任務の点検。活動にとって明白なこと。彼らはペアで出発した。シュレーヌのユース・ホステルの床の上で彼女は彼と同じ寝袋で寝た。学会の部屋。ユーゴスラヴィアへの旅団派遣に関するクロード・ブールデとの話し合い。警備隊の最前列にロジェ・フォワリエ。共産党支部の襲撃。椅子で割られた窓ガラス。彼は褐色の長い髪の若いユーゴスラヴィア人女性を同伴している。彼女はシャラックス兵舎の正面に住んでい

ヴェローソレックス　原付自転車。

ヴーヴ・ラクロワ通りとシャン＝フィリップ通り　いずれもパリ郊外北西部ラ・ガレンヌ＝コロンブにある通り。

塩の柱　『旧約聖書』「創世記」一九―二六に出てくる形象。

シュレーヌ　パリ郊外西部、イル＝ド＝フランス地域圏オー＝ド＝セーヌ県ナンテール郡。

クロード・ブールデ　Claude Bourdet (1909-1996). フランスのジャーナリスト。「コンバ」編集長を経て「オプセルヴァトゥール」を創刊した。

ロジェ・フォワリエ　Roger Foirier (1910-1989). 第四インターナショナル・フランス支部（PCI）の指導者。

シャラックス　パリ郊外北西部クルブヴォワの一角。

る。その入口は一段高い歩道に面している。ル・シラノからそれほど遠くない。

いったいどうしてそんな気になったのか？　九去法。私については。もうだめだ。こいつが彼女の欲望を目覚めさせた。彼は高校の門のところに座っていた。おまえがいかないなら、おれがかわりにいくぜ。根っからの攻撃性。彼らはなんて噂話が好きなんだ。抑圧への尊大な傾向。かくあれかし。本能、欲動、自己愛的融合、つまりその、欲望に内在する野生、混沌に対する糞便的呪詛。あなたの切符を改札機に通してください。手首の動き。赤いビロード。忘却の力。時間がもったいない。ママン、なんか食べたい。彼はしょっちゅうそのことを考えるだろう。

ガラス戸の後ろで彼らは身を寄せあっていた。カムチャッカ。彼自身の足跡をたどって。マトグロッソ。彼らはいたる場所からやってきた。大理石の上の時計。小学校の中級クラスの子たちに恥をかかせてやるために彼らは彼を連れてきた。こんな小さな子なのに、どれほどうまく読むことができるのかを見せてやるために。あらゆ

マトグロッソ　ブラジル中西部の州。

る等価な事物。いくつかのシークェンス。彼は船べりでバランスをとることもできるだろう。カトリック大学の三階は中庭を通じて、もっと古い植民地様式の建物につながっている。震える睫毛。怪しげな金持ちの斜視。緑色の粘土を切るための鋼の糸。フィカティエ通りの学校。クロムめっきした鋼の地平線。自転車の空気入れ。怪物の優しさ。火縄銃。

　これはひとつの家、建物のなか。ひとりの男がいる。複数。兄弟愛的雰囲気。だが彼の兄弟はいない。すべては書くことによって表現できるというのがジョフレーの持論だった。部屋同士がつながっている。それ以外にどんなやり方があるだろう！　漠たる隣接性。三階か四階。前の通り。だがそれは重要ではない。時間は存在しない。けっして存在しなかった。裸形のエクリチュール。なんにせよ、なんであったにせよ、それ以前。おそらくは熱烈な視線。もう取り返しがつかない。誰も動かないのに運動がある。実際これはきわめて厳密であり、いつもすでにそこにありながら位置が定まらない。彼らは二十歳、二十二歳。戸棚の上のテニスのラケット。複数の建物がそれと関係しているはずだ。プラタナスの並木道。それは郊外、

カトリック大学　パリ六区、アッサス通りとヴォージラール通りの角にあるパリ・カトリック学院。

フィカティエ通り　パリ郊外北西部クルブヴォワ、セーヌ川近くの通り。小学校（ジャン・ド・ラフォンテーヌ校）がある。

またはパリと名づけられない場所の周辺である。すべては銅塩のように沈殿するからだ。

ご足労にはおよびません。レオタード。セーヌ川上の大西洋横断船。牛のまだら模様。アース線。けっして鳴かない。けっして石落としではなく。おかま。オリーヴ・オイル。クルス・アン・サック。ファミリステール。接触を築こうとする無限小またはインフラ・クォーク的な別の宇宙が問題なのかもしれない、そういうアイディアをいったいどうして彼は思いついたのだろう？　無限速度をもつ実体からなるひとつの世界。夜、手段の目的。彼女はそのことについてスティーヴとあえて話そうとさえしなかった。放棄のために特別な条件が必要だったかもしれない。私はそう考えた。混沌に内在するもっとも完璧な複雑性。ウールムサー夫人が彼を観察した結果は、どれも彼を驚愕させるものだった。彼女が話を聞いてくれるといいのだが。途中で放棄せずに。この文章は二十八文字で書かれている。若さゆえの言いがかり。牧歌的なスウェーデン。

大地。雪だるま。そうだよ、いや違う、星の家。脊柱に立てた爪

クルス・アン・サック　袋に入って体を動かす遊び。

ファミリステール　シャルル・フーリエが考案した家族共同体。

この文章は二十八文字で書かれている　原文「Cette phrase a vingt-huit lettres」は二十八文字。

で長時間の愛撫。自分がどれほど男色家であるかを彼が実感するのは、ただ夢のなかでのことだった。ビー玉の入った袋。途方もない話。呼子が吹かれた後、便所の穴のなか。すべてをこっぱみじんにするための純化ナトリウムとともに。ファサード。窓の手摺り。ミリ方眼紙。ひと騒動。

彼は便座に腰かけている。一二〇キログラム。新聞を読む。ラジオを聴くために扉は開けっ放し。ストゥットガルトの売国奴。なぜ彼の頭は膝の上に傾いているのか、両腕は切り抜きを入れた箱のほうへ垂れ下がり、箱には紙の服を着せたお嬢さんたちがいる。彼は叫びたかった。「ぼくのものに干渉しないでおじいちゃん!」。石化。ラジオ受信機の緑の眼のほうに彼はゆっくり頭を向ける。喧騒。馬鈴薯一袋。祖母が彼の耳の端を切る。彼は夜中に隣人たちを呼ぶ。

彼は戻ってきた。彼は彼女をまた非難した。はじめてすべてが混乱し、部屋がぐるぐるまわりはじめた。鉄柵の前。帰る時間、いつももう帰る時間。私はあなたを待っていたのに。彼は夜中に大声で叫んだ。隣人たちがやってきた。脳内出血。彼女に話しかけてやれ

彼は便座に腰かけている 祖父ヴィクトールのこと。「お好みの放送をどこにいても聞けるように、彼はトイレにラジオを持ち込んで、ドアを開け放っていた」(ドス『ドゥルーズとガタリ 交差的評伝』)。この断章は祖父の死の瞬間を記している。

シュトゥットガルトの裏切り者 ポール・フェルドネ(Paul Ferdonnet, 1901-1945)の異名。フランス侵攻以前にドイツに赴き、おもにフランスにむけて放送されたラジオでナチスのプロパガンダをおこなったジャーナリスト。

たなら。あれやこれや。出来事と身ぶり。それらが行ったり来たりする。セーヌ川に向いた階段の窓。彼女はそこにじっとしていた、うずくまり、待ち伏せ、凍りついて。

身ぶりの美しさのため。そこに戻る時間。危機一髪。ていねいに剃った彼のちょび髭。漂着した海藻の匂い。二列に並んで。白亜と燧石。それが停止する理由はない。彼女は戻ってこないだろう。鏡のなかの自分に彼が対面したとき。彼にはむいていなかった、そもそも相性が悪かった、他の可能性はなかった、その間彼女は夢中だった、イメージ、鳥もち、思いあがり。それは飛行機。美しいアメリカ人女性。ダンス、太陽、栓、タール、水浸しの森、カシスの港。それを予想しておくべきだった。ソファの足下で。フロイトは夢遊病者だったのか？　針の穴を通って。紳士淑女のみなさまありがとう。差出人に返送。

私の視線を追いかけてください。言葉はない、身ぶりもない。説明。仮説。想起（アナムネーシス）。仮説発想（アブダクション）。足跡の後に足跡。あいまいなものの論理。彼はハンドルにもたれながら日記の縁（へり）にメモし、一方、彼

仮説発想　データから仮説を導き出す過程。哲学者パースの用語。

女は赤で囲まれた細胞質の拍動を記録したシークェンスを彼に見せつづける。中庭で子供たちは古い荷車を細工して電気仕掛けの詰まった戦車を組み立てる。レーダー、対空防御のピンポン・レーザー。彼らは自分たちが盥に投げ込んだインゲンの皮をむく。ベルナデットの眼の上の両手。首筋にキスしようとして手一杯につかんだ彼女の髪。スティーヴの視線。さあどうだか！　黒人の数学者。暗号化された別世界のメッセージ。アランは後退りしながら遠ざかる、唇に当てた人差指。

惰性（エール）の線、哀れなやつ（エール）、R（エール）の脱落。レーザー光線のように。彼が死の重圧を克服したもろもろの瞬間。そこにいたその他全員の炸裂する武器、哀れな愚か者たち、疑うことを知らず別の物のふりをする。

彼女が私に話したときのこと。契約の櫃。イロコイ・ホテル。ダグラス総合病院。彼ははっきりわかっていたから、なおさら次の勝負に備えてはりつめていた。彼女は彼の敵の勝利を口実にして敵に身を任せるだろう。金属のスポンジ。彼らは記憶のなかに潜り込ん

ダグラス総合病院　アメリカ合衆国ジョージア州の病院。

だが、そこからただちに抜けだすはずだった。時系列の混乱。慎みの問題、品位の問題。それにしてもきみに会いに来た男は、私にたいそう慇懃な挨拶をした男と同じ男だったのだろうか？　それは兎の餌を摘みに私を連れていくためだったのだ、シバムギやオオバコ、セイヨウタンポポなど。

そうはっきりと認めてはいなかったにせよ、別の時代には彼は取り巻き連中の死を望んでいた。何かが、ついに何かが起こるように。いま、彼はもう何も待っていなかったので、いっそう近くのものにしがみついていた。彼は彼らの特質を尊重していた。彼らが目の前から消えてしまったら、いっそう彼は孤独になったのではないか？要するに彼はもう誰も殺したくなかった。彼は保守的になったのだ。

誰かが食事の合図に鍋を叩く。議論への渇き。私はといえば。差出人に返送。彼女は言いだしたら聞かないだろう。リズムを潜めたメッセージ。アニエール通り。コンゴ人女性。フェリックス・ポタン。ライラックの庭。超音波と電気の装置。信用（クレディ）の問題、しかしまずは信憑性（クレディビリテ）の問題、しかもそれはもろもろの感情を禁じるもので

アニエール通り　不明。パリ郊外北西部クルブヴォワ北東に隣接するアニエール＝シュル＝セーヌ（イル＝ド＝フランス地域圏オー＝ド＝セーヌ県ナンテール郡）か？

はない。絆を断つこと。一歩前進二歩後退。巨体。ハイヒール。齧るための骨。パリ発の列車はサン＝ピエール＝デュ＝ヴォヴレへの途上で脱線してしまった。銅と木。彼はどんな状況にも譲歩する。無意味の檻。フランドルへの道。マタモール。棘のあるおしゃべり。

息が詰まる！　喘息だ。ゼラニウムのせい、その墓地の匂いや不快な手触りのせい、そしてとくに貴金属を思わせるその「イウム」という音のせい。ついでやってきたのはスターリン、毛（マオ）、チトーの死。まったく白けた。誰も会合に来なかった。美の元型（ウアビルト）は単純な観念である。夢想のようなカモメたち。椅子の足で引き裂かれたヴラマンクの画布、鉄道が窓のすぐ上を通っていたあのアパルトマンからルヴァロワ＝ペレに引っ越すときのこと。戸棚の上の死骸。ある労働者が屋根から落ちる。テラスに降った雹。ポールは傘をさした彼を写真に撮った。彼は帽子を被っていただろうか？　カフカの写真と混同しているようだ。彼は何かを失ったにちがいない。彼に会いに行こう。他の誰にでもなく。すらっとしたヴァイオリン。ああ！　おやおや！　彼は毎晩、木から木へと飛び移った。私はけっして信じなかっただろう。センチメンタル・ジャーニー。彼の計画

フランドルへの道　クロード・シモンの小説（一九六〇年）の題名か？
マタモール　スペインの喜劇 *Matamoros* の主人公の名前。転じて法螺吹き・虚勢を張る男。
「イウム」　ゼラニウム「géraniums」の語尾「-ium」。
ルヴァロワ＝ペレ　パリ郊外北西部、イル＝ド＝フランス地域圏オー＝ド＝セーヌ県ナンテール郡。パリ十七区の北隣。

は驚くべきものだ。彼女はキーボードで眩い誘惑のしるしを送る。一方、彼女はディスプレイから届くかもしれない応答を見守っている、つまりありうるリズム上の変調を。超音波も同じ原理。だがそれ以上の結果は得られない。彼女が彼と知り合ったとき、彼女の両親はブルターニュ通りでビストロを経営していた。彼女は適齢期で、前線から帰ってきた軍人を選んでも問題なかった。そして彼はイーペルで毒ガスを浴び頭に手術を受けていた。にもかかわらず。

糸、いかれた、いかがわしい装飾。船を漕ぐ。火事だ消防隊。私は歩いた、私は値切った、私は……について……した、星の下で小便。マーガレットにすれすれのところ。儀式の小屋。私は踊った。私はあそこで高々と小便をした。バレリーナたち、熱心な話題にしてはただ事実上の固定概念。バランシン。私はさまよった、私は締めつけた、洟(ムッシェ)をかみ、通りをよくし(デブッシェ)、よろめいた(トレブッシェ)。やがて雨が降り、現場を押さえられる。私は首尾よく突破口を開いた。ビールと灰。急いで、涙が、知られざる悪意に、変態の息子たちに、そこのオフィスで。市民的中道的なラ、ソ。

彼女が彼と　ガタリの母ジャンヌと父ルイのこと。

ブルターニュ通り　パリ三区にある通り。

イーペル　ベルギー西部の都市。

バランシン　ジョージ・バランシン(George Balanchine, 1904-1983)。ロシア出身のアメリカのバレエ振付師。

郵便局の窓口。エナメルの剝がれたシェード。うんざりした頭。老女は数えなおす。薄暗がりの扉に注がれる視線。震える呼び鈴。彼女は思いきってコードを外す。人差指、そこ、舞台の外。子供の登場。いつも変わらぬ夫以外の誰だろう？　彼女は彼と合流したにちがいない。久しい前のこと。色褪せたレース。光が揺れる。接触不良。混乱。子供は間一髪でコンセントに差し込みなおす。

有刺鉄線。えぐれた肉。もろに。いかなる言い逃れもなく。彼女はブラジャーを外した。それでもなお。一語一語ドリッピング。路線バスの停留所で。サンリス近くの見学訪問の帰り。レインコートの男。事の顚末。気さくな大人。聖母の最後の眠り。新しいスタイルで。ヤゴイとタクシーに乗る。工場の上の照明を当てた長方形のガラス。もうこれきり。彼女はウールの糸玉を棄てる。サン＝ピエール駅正面のカフェの一室、家族的な、大金持ちの家族用という感じ。絆を断つこと。異教の地における不確実性。粉塵の雲、鳩のひと飛びは、いつか彼が手紙をやりとりするのに役立つだろう。だがいまのところ狂気は電磁波によるメッセージ発信の閾をこえていなかった、これはバクテリアの株のため、または背後に潜んでいるら

サンリス　フランス北部ピカルディ地域圏オワーズ県の町。

しいもののためという。

立ち止まりながら、喘ぎながら。大言壮語の効果もなく。乾いた涙。あべこべ。彼女が最初に行動するだろう。タンゴを踊ってくるくるまわる頭。きみが私たちを引き止めるとき。私は偶然そのうちのひとりを捕まえる。ゆるやかな身ぶり。小細工。ある程度は。間隙。切り込みのなか。パンをちぎって丸めた塊。自動開始装置なしの、二次的利益なしの逸脱。仕返し。クマシデの下。彼がいつも彼らの足下にいるということ。彼女たちは自分の流儀でやればいい。彼女の義理の姉妹になる女性が彼の味方になろうとする。しかしそれが妙に意固地なので不審に思う。

それほどでもなかった！　次々ふりかかってくる事物。あえて言わない。とにかくたくさんのことをどうしようもない。以前はもう少しやりようもあったのだろうが。変わってしまったもの。固着しているもの。じっと機会をうかがっているのもいる。じかに頭をこづくもの。真正面からやってくるもの。さらには怒鳴るのをやめないもの。そこだ、なにしろそこだとおまえは言われたのだから。最初はある塊。その後はありふれたもの、ついには膨大な数のものが固定され硬化し錆びつき、角がこすりあって摩滅した。それからまたすべては等しくなった。

そこにあるがままの事物たち。たとえ仮に。あまりにも決然として。生気のない抱擁。熱帯性の不安。ベレン近くのイコアラシで。午睡。蚊帳。彼は彼女を引き寄せ彼女と交わる。彼が人違いに気づくのはその数時間後にすぎない。天体のようなしぐさ。ついには宙吊り。文句も言わずに。いつも疑い深い。ほら！　またそこにやってきた。くるくるまわりながら。不毛な草原でほんの少し震えて。そこにあるがままの事物たち。それ以上でも以下でもなく。だからといって無ではない。滓でしかないわけでもない。過ぎ去った時間と倒錯した曲線のあいだの別のシンメトリー。

幼年期の保存。行政の掲示板。ジョルジュ・ブラック。薄層状の流れ。ある文章や、ある物の見方のなにげない特徴に。ナンテールの平野。オリーヴの山。風見鶏。マニトバ。銃尾の継ぎ目。雌鹿。アース線。それは裸になるよりも酷いだろう。鵜。風よりも速く。

ベレン近くのイコアラシ　ベレンはブラジル北部、アマゾン河口の港湾都市で、イコアラシはその郊外にある町。

マニトバ　カナダ中央、プレーリー三州のひとつ。

彼はルーアンに居つづけたのか？　彼は岩の切れ込みにしがみつく。ベルネ、ランプ、シェード、弔いの花、石膏の彫像、占いの球などが溢れ返る部屋の奥。マドレーヌ叔母さん。自分の名前を見つけようとして彼はアドレス帳をめくりつづけた。リズムを打ちだすリボン。百足。芳香。極楽鳥花(ゴクラクチョウカ)。彼女は騙されなかった。縁(へり)に乗せた尻。ミルリトン。砕ける波。硬貨の表裏。サンタ・ドミンゲス。渦巻。裁判所。ルイズ・ブラス。彼らは小型トラックを盗んできた資材でいっぱいにした。カールは積荷の後ろに蜘蛛のようにへばりついていた。

ベルネ　フランス北部オート＝ノルマンディー地域圏ウール県の町。

ミルリトン　ルーアン特有のアーモンドクリームをつめたタルト。

遺伝子座はうんざり。よし勝負しよう、右往左往。彼らはなんて噂話が好きなんだ。魂の高度、まったく出し抜けに、あちこちから、あえていえば、性悪女があらわれるという前提で、一息つく時間、いたるところなんでも際限なく繰り返されるわけではない。おまえ(トワ)、掟(ロワ)。数々の夢の均衡。なんになろう。私がきみと離れないなら。生身の絶壁。辛辣に嘲される彼の器量。吐く息、死を一跨ぎ、空を一掻き。一文字、一言、ひとつの文を言ってください……　彼は戸を叩く。近所の人びとを集める。時間を結ぶ紐が解けた。問い、リズムの問題、呼吸の問題。そんなもろもろのこと。次に彼は私をそばに座らせ、事業に乗りだすと説明した。

はじめから（ダ・カーポ）。いくつかの知らせ。大理石の階段。深紅のカーテン。彼らが戻ってきた。もうけっして。何故？　ゴリウォーグのケークウォーク。バトン・ルージュ。ヘルクラネウムのあちこちの道に深く刻まれた車の跡。グラディーヴァ。分裂増殖により。あること、別のこと。きっかりそのとき。ひとつの出会い。なんとでも言え！　植物相（フローラ）と動物相（フォーヌ）の豊穣な出会い。そこに留まらないでください。彼女はまた飲みはじめた。彼女はフランスに帰ろうと思っていた。クリトリス。薔薇のワルツ。トルコ行進曲。距離を置いて並びなさい。外斜視。総動員。彼にはなんでも自分の鋼のものさしで測る癖があり、それは彼の手から飛び出しナイフのように飛び出た。窓の高さ。服の折り返しの幅。歩道の縁（へり）から木までの距離。ポリーヌの一杯に広げた指のあいだの幅、彼女は彼のたえまない注文に素直に従っていた。

長蛇の列。深淵のような希望。金庫の扉。敷石の配列の糸口。蜜

ゴリウォーグのケークウォーク　ドビュッシーの組曲『子供の領分』（一九〇八年）の第六曲。ゴリウォークはイギリスの挿絵画家フローレンス・アプトンが絵本で描いた黒人の人形キャラクター。ケークウォークはダンスの一種。
バトン・ルージュ　アメリカ合衆国ルイジアナ州の州都。
ヘルクラネウム　古代ローマの町。
グラディーヴァ　ドイツの作家ヴィルヘルム・イェンゼンの小説（一九〇三年）のタイトル。フロイトが精神分析の視点から読解している。

蜂のダンス。ミモザという名の神。利益累計。彼女はもっと前には彼に言えなかった。バルカロール。八分の六拍子。十六分音符。洋銀。階段の窓からセーヌ川が見える。そして続き、いつも続き。すさまじいザッピングまたはパルス音でスキャニングして〈神〉に到達。眼を閉じて。よろしい！　ミュイドで老舗の肉屋を営むサン＝イヴの義理の息子の家だった。ヴィクトールの葬儀のあいだ数日、彼はそこに来ていた。どうやら彼はサン＝ピエールに戻って祖母とふたりきりになるらしい。彼は階段に腰かけ、河を見ている、ロマン・ロランの本の学校用要約版のなかの幼いジャン＝クリストフを描いたイラストのように。

犬の愛撫、近くから、あんまり近くから。女性の滑らかな皮膚。決定不可能性。傘と山高帽。永遠の夫。砂の女。盆の上、どうぞ小皿のなかに、彼の赤、黄、白の錠剤。私というもの、それは同じ、それはいつも同じ。消耗しすぎなのだ。破片。残された時間をさまよい切り抜けること。なんの役にも立たないか。彼らはもう信じはしないか。さもなければ夜明けの微かな光のほうがよかった。私たちは哀れな貧乏人。山羊座。甘いアーモンド。種蒔き。生殖質。待

バルカロール　ヴェネツィアのゴンドラ漕ぎの舟唄。

ミュイド　サントル地域圏、ロワール＝エ＝シェール県の町ミュイド＝シュル＝ロワール。

機、洗面台の縁（へり）にくっつけた額。

危惧というものの外。何も誰も。忘却を紡ぐために。眼の外の鋸。引き裂かれた付け柱、冒瀆されたメロディ。結婚適齢期というスタンプの外、対になった服従、閃きに背くための。アルプ。ナルヴィク。製粉業のみじめさ。資本時間（タン・キャピトー）の舌なめづり。スキー場のリフトで。マニトの道具一式。連中のなかに入りなさい。ガラス状系統流。ドリルーヴィルス。調子の悪い宇宙。循環する砂丘、まわる、まわる。おまえの道具、おまえの道具は急ぎすぎ。

初歩的メッセージという仮説から彼らは出発した。入口。出口。凝集。一対一対の照応。いま彼らに必要なのは数十兆バイトのメモリー、つまりＩＢＭ７７０の数百万台に等しいメモリーを統轄する対話者であり、厚みのない複雑性を超越して推論することである。オートポイエーシスの複数の焦点。おまえの神経は爆発しそうだ。すべてをゼロからやりなおすこと。コード化の新たなグリッド。細菌の株は中継点にすぎなかったのだろう。中国人ノミ屋（ブックメイカー）殺人事件。腕木信号機。声たちが蛍のように点灯する。

ナルヴィク　ノルウェー中部ヌールラン県の町。

マニト　カナダ先住民アルゴンキン族に伝えられる精霊。

中国人ノミ屋殺人事件　ジョン・カサヴェテスの映画（*The Killing of a Chinese Bookie*, 1976）の題名か？

彼らは愚かにも思った。ついに呼吸やリズムが彼らに空洞を刻みつけてしまったと。体に溶け込んだ墓碑。微小の空胞。Rの脱落、屋根職人の落下と砂利のなかに落ちたキャンディー。四千万人のフランス人。グルネタ通り。グルネルのワイン。『金瓶梅』の路地。金の瓶に挿した花。彼は彼女にその界隈から引っ越すよう勧めた。それからはもう彼女に会えなくなってがっかりした。サン・ニコラオの石の階段。彼女は私たちを見ながら髪を梳かしていた。彼女の輪郭を見失うな。彼らが何人かでやってくると断言した。もう二度とない、よく聴けよ、至上命令を。けっして数値ではない。ただの数字。そこからそこへの接線。ただそのためだけに。

老人たち、長いヴァイオリン、のろまな乱暴者たち、嗚咽（サングロ）、水（ロ）、サン＝ルー＝ラ＝フォレの高貴な血、サン＝ピエール＝デュ＝ヴォヴレの似た者同士の狂人たち、サン＝ナゼールの卵巣に脳漿、オヴェール＝シュル＝オワーズの空飛ぶ地下室ーハンドル、口論（ノワーズ）、トワーズ、ラ・ラプイエール。空から落ちてきた、自転車に乗っていた、そう言った、誰が？　そう言った、何？　粉々に砕け、四分の三だ

グルネタ通り　パリ二区と三区にまたがる通り。
グルネル　ワインの蔵元。
サン・ニコラオ　コルシカ島のフランス領地。

老人たち　原文は「Les viaux」だが「les vieux」の誤記と判断した。
サン＝ルー＝ラ＝フォレ　イル＝ド＝フランス地域圏ヴァル・ドワーズ県の町。
サン＝ナゼール　ブルターニュ地方の港町（ペイ・ド・ラ・ロワール地域圏ロワール＝アトランティック県）。

け元通りになった。狼男、愚痴のダンス。はるか彼方からやってきた。危ういところかも。そうしてここに、ばらばらになって、私が愛するシャム、きみのシナプス、きみのシナプス、狂詩曲（ラプソディー）、韻律法（プロソディー）、サラバンド。他の者は飲み込まれる。そして私は自問する。

論理的な蛸。十分だっただろう。残り全部を要求しなくても。乞食同然の状態。ヤツメウナギ。それは欲求ではない。駅に面したベコン＝レ＝ブリュイエールの薬局での一年の研修と大自然のもとでのリオン医師の追放、その原因は説明されず、たんなるひとつのモンタージュ、事後的な構築。作動開始装置。それが可能だという論証。銅とシンバル。地を這う枝、眼鏡のガラスについた水蒸気。彼らのペニスを吸うがいい、尻を揺さぶるがいい。背中に縛られた両手、敵の戦線の前で覆われた眼。彼らを待つのはそれでしかないとあなたたちは教えられたのだから。

すでにそこにある症状、みすぼらしいちっぽけなサンタクロース、オーギュスティーヌ叔母、聡明な綺羅星たち、あんたらにそう言ってるんだから、周恩来、『紅楼夢』。水中に投げ込まれた中国製の紙

オヴェール＝シュル＝オワーズ　イル＝ド＝フランス地域圏ヴァル・ドワーズ県ポントワーズ郡の村。ゴッホ終焉の地。

トワーズ　古い尺度。一トワーズが二メートル弱。

ラ・ラプイエール　バッス・ノルマンディー地域圏オルヌ県コンデ＝シュル＝ユイヌの村落。

ベコン＝レ＝ブリュイエール　パリ郊外北西部クルブヴォワの一角。「ビノ大通り。ルヴァロワ橋。ラ・ジャット島」の注（一八ページ）参照。

の花。ではなく。毎週金曜十八時。サン＝ラザール駅、ローマ通り、白い鳥（ロワゾー・ブラン）。学生、唾。私は盗み、きみは強姦し彼はワルツを踊り私たちは彼らを追跡しあなたたちは人間狩りを企て彼らは陰謀を企む。私は何を知っていようか？　人はどう言うだろう？　すっぽかし。がちゃん。ひとつの襞もなし。私はモデラートと言った。

ミラノから来た男。天井の低い部屋で夕食しようとみんなが揃った。鉄柱。彼らは大いに飲み喫煙した。彼は彼女の手を握ろうとした。「指輪」ってなんて言うんですか（コメ・スィ・ディーチェ・アネッロ）？　人形劇とポリチネッラの時代のような笑い。彼女は彼の攻撃に対し、まずは指で弾いて次にフォークで反撃する。助けて美しいお嬢さん（アイユート、ベッラ・シニョリーナ）。テーブルのもう一方の端にはカールの謎めいた目配せ。テーブルクロスで隠して彼は彼女の膝に潜り込む。彼女は自分が主導権をとろうと決意する。相手は凍りつき、行き来する手に恐れおののく、まず彼に唾液を、次に白ワインを塗りつける。ヴァルポリチェッラですよ、ええ、殿方様（スィ、シニョーレ）。あなたの健康を祈りあなたのご好意に感謝して（アッラ・ヴォストラ・サルーテ・エ・アル・ヴォーストロ・ピアチェーレ）。彼女は他の手段まで使って彼をおどした。油（オリオ）は？　酢（アチェト）は？　ケチャップは？　いえ、もうたくさん（ノー・グラツィエ・タンテ！）！　マスタード（ムスタルダ）？　ちがう、芥子（セナーペ）って言うのかな。そ

サン＝ラザール駅　パリ八区、国鉄のターミナル駅。
ローマ通り　パリ八区から十七区にかけて国鉄の線路脇を走る通り。
白い鳥　パリ八区、サン＝ラザール駅南のローマ通りにあるレストラン。
モデラート　「中くらいの速さで」を示す音楽用語。

ポリチネッラ　喜劇の滑稽役。

ヴァルポリチェッラ　イタリア、ヴェーネト州西部産ワイン。

のころはまだボヘミアン風のロングスカートが流行だった。

移動したかいがあった！　映像とテクストをコード化するデジタル幻灯機（エピディアスコープ）。インフラークォーク宇宙の大食漢。子供たちは百科辞典を切り抜いて、そこに並べようとする。彼は漫画に興味があるのか？　ドアが閉まる音を聞いて？　私はうっかりそれを開いた。ついで気弱な私はそれを読んだ。ロベールはジョアンと一緒に軽トラックから荷物を降ろす。不快な作業をするのはいつも同じ連中！　宙吊りの一滴。表面張力。そいつには心すべきだった。針の先の一滴の血。雪のなかの血。紐の先に括りつけた籠。待合室に子供がひとり。存在の残留。アクラにある中世の丸天井。修辞的遡及作用（レトロアクシオン・レトリーク）。

何歩も先んじている。アルキメデスの梃子。五スー。先入見なしで。神の痕跡。テルトゥリアヌスの逆説。注意（テイク・ケア）。水の流れに。呼吸の問題。早漏。学校に蒸気機関を持っていったとき、彼は自分が晒し者にされ脅かされ脆くて無防備と感じた。そこで自分を守ってくれる仲間をもとうと思った。何かしでかそう。いつのまにか真剣になっていた。無鉄砲な集団的冒険。下心もでてきた。高みに立つ

アクラ　アフリカ西部ガーナの首都。

テルトゥリアヌス　二世紀のキリスト教神学者。

安定からはほど遠く。隙のない反証可能性。切断（セジュール）への恐怖症。ところがまさに。私は彼女を待った。一本の試験管よりもずっと熱心に。酸。エネルギー。ひとつの愛撫以上に。認知経済学とはまた別のもの。おまえはオデオン座を彼に貸すこともできる。彼の荷物のなか。朝三時まで続くソムリーでの会合。コミュニケーションと概念の組み立てに関する彼の技量に欠陥はなかったが、まったく素朴なものにせよひとつの感情、知覚の奥行き、意図の濃度を配慮することが必要になると、たちまち彼はあらゆることを疑いはじめた。そしてベルナデットは彼に同じことを十回でも十五回でも繰り返し、同じ説明を際限なく、たどたどしく続けるしかなかった。

液体燃料状の韻律法。意味不明の統辞法。隔離された睡蓮。オーケストラ・ボックスのなかのティムショハラにアーメン。蟹たち。エンタブラチュアの傾斜面。大修道院の浜辺に打ちあげられた巨大なコンポステラ。噂しあう。ふたり以上。視線の接収。きみのなかで目覚めるとき。ルルタビーユ。経典筒のようなやり方。明証の結晶。調理法（ルセット）、原（アルシ）ー靴下（ショセット）。今夜は帰らない。言表行為の多面体を立ちあげるために。神様（ブディ）、バンダ、強盗（バンディ）。シディキは何を言ったの

オデオン座　パリ六区の国立劇場。一九六八年五月、マルロー文化大臣が足しげく通うこのシンボリックな国家施設の占拠を活動家ジャン＝ジャック・ルベルが提唱。賛同したガタリは計画段階から制度論的研究グループ連合（ＦＧＥＲＩ）のメンバーとともに全面的に関与した。

ティムショハラ　ルーマニアの都市。

エンタブラチュア　古代建築における柱頭部分。

コンポステラ　スペインのガリシア州都サンチャゴ・デ・コンポステラ。巡礼の聖地として名高い。

ルルタビーユ　ガストン・ルルーの推理小説の主人公ジョゼフ・ルルタビーユ。前出『黄色い部屋の謎』『黒衣婦人の香り』でも活躍する。

か？　彼は夜の支配者に向かって石を投げつける。ハデスの庭の柘榴の粒。ひとつかふたつの卵。カモメたちがカモメした時間。きれい、きれい。びーん。ちょっとした言いまちがい。

　ジグとザグは旅に出る。独占支配。失敗の恐怖。新鮮な脳みそ。ホテル・メトロポールの灰吹法で鋳造されたガラスのシャンデリア。危ういところだった。スクリーン上で肥大する文。リンゴの樹。ある種の植物のありふれた名前。シテール島のリンゴの樹、スポンディアス。タマサンゴ、ナス属、偽コショウ。言表行為的なひとつの発生についての二重化された機械状仮説。だが、それらが交通しあう下部－粒子状〈宇宙〉は、記号にみちて無限に豊かであると同時に、絶望的なまでに感受性を欠いている。感受性を少しでも獲得しようとしているのに。カールはオレンジ色のバラ模様の壁紙を剥がす。壁たちが締めつける。顔たちが締めつける。意味が締めつける。存在が締めつける。それはいつまで続くのか。

　誰に話せばいいとおまえはいうのか？　コールラビ。ビ・バップ。ナタナエル。ラヴェルのワルツ。鷲座（エーグル）通りを通って戻ってくる、ど

経典筒　チベット仏教の伝統で祈禱するかわりに経典の入った円筒を回転させる。

バンダ　メキシコ音楽、あるいは小編成のオーケストラのこと。

シディキ　西アフリカ・マリのグリオでコラの奏者シディキ・ジャバテ（Sidiki Diabate,1923-1996）のことか？

スポンディアス　ウルシ科スポンディアス属の落葉高木。

コールラビ　和名カブカンラン。球状の茎部が食材となる野菜。

こかの窓からリストかラフマニノフのフレーズが。金メッキされたシルエット。チンピラ愚連隊の貪婪な出会い。死んだような物体。すっぽかし。ひとつの襞もない。身ぶりもない。神の痕跡。そこにおまえは彼を引きとめる。派手な横断。道端で彼らは呆然としたまま。

九十二番地の鉄格子の前、雪の積もった歩道で。ロワンダル通りの建物の下。サンク゠マルスの泥まみれの小路。〈帝国〉の果てにやすり。ひとつの手が差しのべられる。曲がり角でおまえを待っている。ゴルティエ通りの中庭の樹に風船がいくつも引っかかっている。おやつの時間。甘く苦い潜伏期。彼はプラグをさしこんだ。スティーヴはベルナデットが気づいていないことを察知していた。歓待の掟。彼女自身がその仕掛けのなかにはまっていた。彼はいつもそこにいた。彼は彼女に電話した、トレント、トリノ、モデーナ、リヴォルノ、ボルツァノ、ウディーネ、ピアセンツェア、バーリ、メッシーナから。そして真鍮のバックルが付いたあの黒革のバッグを、ジョフレーはあんなに大事にしていたのに、突然気前よくそれを彼女にプレゼントしてしまった、埃にまみれ、よれよれになった

トレント、トリノ…　以下「メッシーナ」までいずれもイタリアの都市・地域。

読者カード

みすず書房の本をご愛読いただき，まことにありがとうございます．

お求めいただいた書籍タイトル

ご購入書店は

・新刊をご案内する「パブリッシャーズ・レビュー　みすず書房の本棚」（年4回 3月・6月・9月・12月刊，無料）をご希望の方にお送りいたします．

（希望する／希望しない）

★ご希望の方は下の「ご住所」欄も必ず記入してください．

・「みすず書房図書目録」最新版をご希望の方にお送りいたします．

（希望する／希望しない）

★ご希望の方は下の「ご住所」欄も必ず記入してください．

・新刊・イベントなどをご案内する「みすず書房ニュースレター」（Eメール配信・月2回）をご希望の方にお送りいたします．

（配信を希望する／希望しない）

★ご希望の方は下の「Eメール」欄も必ず記入してください．

・よろしければご関心のジャンルをお知らせください．
（哲学・思想／宗教／心理／社会科学／社会ノンフィクション／教育／歴史／文学／芸術／自然科学／医学）

（ふりがな） お名前　　　　様	〒
ご住所　　都・道・府・県　　市・区・郡	
電話　（　　）	
Eメール	

ご記入いただいた個人情報は正当な目的のためにのみ使用いたします．

ありがとうございました．みすず書房ウェブサイト http://www.msz.co.jp では刊行書の詳細な書誌とともに，新刊，近刊，復刊，イベントなどさまざまなご案内を掲載しています．ご注文・問い合わせにもぜひご利用ください．

郵便はがき

料金受取人払郵便

本郷局承認

7914

差出有効期間
平成28年9月
1日まで

113-8790

東京都文京区
本郷5丁目32番21号

505

みすず書房営業部
行

通信欄

（ご意見・ご感想などお寄せください．小社ウェブサイトでご紹介させていただく場合がございます．あらかじめご了承ください．）

バッグを、彼女はクローゼットのどこかの奥にしまいこんでしまった。

単調な呻き声。スクリーン上で凝固し盲いた大胆不敵なふたつの眼の周りのぼやけた顔が揺れる。科学的テーマに関するかぎり、彼は厳めしく教師然となる。感情のことなら彼は不安定になり、子供っぽく青年みたいに女っぽくなる。言葉と顔が凍りつくこともあれば、加速して、もはやかん高く鋭い音とざらつく拍動にすぎなくなることもある。いつも断続的に。

タランテラを踊る婦人、メンフィスの駱駝、ラ・ガレンヌのモナリザ、ペイ・ドージュの禅、カーディナル・ポーカー、スーティン、司祭の叙階式。どんどん音のするホール、まったく。フーガ風の事の次第。ゲルマント家の休息所。とってつけた（ナッハトレクリッヒ）ような酒場。音響室。そしてトイレでの記号論的急転回、しかもそれがひとりでにお喋りを始め、もう止められなくなる。

街娼。マストドン。エトルリア。グリュイエール・チーズ状の言

タランテラ　急テンポのダンス。
ペイ・ドージュ　カルヴァドスで知られるノルマンディーの一地域。
スーティン　シャイム・スーティン（Chaim Soutine, 1893-1943）。ロシア出身のエコール・ド・パリの画家。

葉。彼は裸の私を見た。非身体的な自動機械。九去法。彼女の母の死を悼んで。森のなかの顔。彼女の柔らかい役立たずの手。不吉なスクリーン。砥石。よろずや。後できみはどうする？

歩道の下の三段の階段。復活祭の卵。指貫がひとつ。メーグルモンの撞球室にもカーテンがあった。磁器のような言葉。排水溝の蓋。印刷電信機（テレスクリプター）が打ちだす方程式。彼は彼女に懇切丁寧に教えてやる。この手の問題は自分にとっては朝飯前だと。とめどないおしゃべり。事前の打ち明け話。非難の連発。告白の河。後悔の潟。ベール（ヴォワル）のように見よ（ヴォワ）。ほら（ヴォワラ）ライラックカタツムリ。どうにかこうにか（ヴァーユクヴァーユ）、自転車狂（ヴェロ）、母音（ヴォワイエル）ユロ。やくざな幻視（ヴィジョン・ヴォワイユー）、裏ページ、小声（ヴォーチェ・シュプミッサ）で。彼らはふたりずつ組んでもいい。

顫動する留金（フィブラ）。組織のかなめ。ボヘミアン風のスカート。彼女は戻ってくるだろうか？　グループに対する彼の期待がたちまち最初の詩的な口ごもりをさえぎってしまったことを白状しなければならない。ボローニャでの記者会見が終わった後、ふたりの男が自分たちの失望を彼に説明した。彼の尽力はあまりに狭い意味で政治的で

印刷電信機　テレタイプ端末とも呼ばれる紙を媒体とした電気通信の先駆。

母音ユロ　ジャック・タチの映画『ぼくの伯父さん』（一九五八年）の主人公ユロの名前に関しての台詞「母音しかないわけじゃない」にかけたものか？

ボローニャでの記者会見　一九七七年七月、パリで逮捕された「ラジオ・アリチェ」主宰者フランコ・ベ

あり、哲学的平面では自分たちになんら寄与しないものだったと。彼はこれを不当と感じ、次元を混同していると感じたものの、この批判を甘んじて受けた。赤いカーテンとクロダイコン。黒い武器。黒衣の婦人と鏡。バカ丁寧。風車。私は言いたい。切実な要求（デジデラータ）。彼女は彼の手紙を全部燃やした。カバラ風のカクテル。非形態的知覚。感覚の翻訳。不毛のステップ。青いジャワ。

苛立ち。いたるところに電話。妨害される回線。一石二鳥のパパのトランペット。窓は石膏で塞いであった。私はそこできみに会いたかったのに。極小のドリル。部屋をとりまく中世風の田園風景を描いた石版画。むかしの裸の連中、陽気な連中。私たちにはシャベル機のほうが重要である。人道に反する罪、またはたんなる偶発事故。

「スパルタカス」グループ。彼はその合唱編制の指揮を引き受けた。ソルフェージュの授業を再開するつもりで彼は一度だけかつて彼のピアノ教師だったコルダン夫人の家に行った。彼は何か役割を演じたかったのに。

ラルディのイタリア本国への送還阻止にむけガタリは「自由の新たな空間のための行動センター」を設立。またサルトル、フーコー、ドゥルーズらとともにイタリアでの議会外左翼活動家、知識人の弾圧に反対する「フランス知識人の声明」を発表した（起草はガタリとベラルディ）。同年九月、ガタリは「弾圧に抗する国際会議」が開催されたボローニャに乗りこむが、記者会見はこのときおこなわれたものと思われる。

しかしある読書会に参加するよう求められたとき、彼は怖気づいた。彼は拒絶した。キャンプ用ガスコンロの上のネスカフェ。青いボンベ。Rの内在性。エクス＝レ＝バンのイレーヌ。垣根に囲まれた通り。彼は公園に座り、カジノのなかでリサイタルの稽古をするルネ・トルアールの声を聴いている。音楽という外。絶対的外部性。ワルシャワで鳩たちをみつめながら。カトリーヌに対する嫉妬のわけ。チェスで王手をかけるときのかけ声。ひとりの弁護士。馬のマニア。ジョフレーと一緒に活動を始めたときには自分が最初からすべてやりなおさなければならないとは考えてもみなかった。ゼロ地点に横たわること。腎不全。〈機敏な女〉。彼らは死を免れないのだから、くたばるがいい、そこで、いますぐ。いいことをした！　無気力は罪悪感に優る。ミミ・チュカといっしょ、サン＝タントワーヌ区域、いつも同じように終わる繰り返し。ジョフレーはこの関係を辛辣な眼で見ていた。

平野、私の平野。私の外人部隊。ヴォルガの船頭たち。砂漠のダンサーの理論は砂丘のほうへと遠ざかる。おまえの機械は速すぎる。

エクス＝レ＝バン　ローヌ＝アルプ地域圏サヴォワ県シャンベリー郡。温泉保養地、ミネラルウォーターの産地として知られる町。

サン＝タントワーヌ区域　パリ十一区、バスティーユ広場北側の地区。

もっともっと。午前零時ちょうど。夢中になって。彼女が何かしてくれるかもしれないという狂った考え、彼に関心があるというしるしだ。蛍狩り。彼が彼女の足を開かせ、彼女に精液を迸らせるとき。張り出したテラス、パレルモのふたつの小道のあいだに開いた脚。彼らをシシリーに案内した男に対する嫉妬、彼はマフィアの大物たちを知っていて、なんとか羽目をはずさないようにスリップしながら山の道路を曲がっていった。ジョフレーの訝しげな視線。

裸。後退せず。開いたままの窓。郊外の公団住宅。夜の犬。万策尽きた。珪質の侵入。両面の残留磁気。薄明かりの駐車場。明日。マトグロッソ。分（ミヌート）。Ku. おやつの時間。ここは影。彼らのあいだに何かある。ガラス窓のところにいる臨月の妊婦。私の時計はあそこ、暖炉の上にある。大理石の上の金属。それが彼らの調子を狂わせると言う。器官なき機械。白布？？　……センス。安宿めぐり。

マトグロッソ　ブラジル中西部の州。
Ku　通信衛星に用いるマイクロ波の周波数帯域Ｋｕバンド（12-18 GHz）のことか？

マグネシウムのコバルト－フッ素またはチタン－サファイアのレーザー。プーランクのフルートとピアノのためのソナタ。明るい壁。兄弟なき友愛性。戸棚の上のラケット。高くも低くもない。平衡維持原則の彼岸。ある男がドアを開ける、年齢不詳の、子供もなく子孫もない男。もっと光を(メール・リヒト)。廊下。揺り籠。危機一髪。指物師の作業台。長鉋。洗濯機の振動。ゼロのカーソル。襤褸切れ。気むずかしい女。セーヌ川沿いの起伏。写真を撮るため自転車で遠出。競馬場に沿って帰る。サン＝イヴ、馬の飼育場。ル・マトレ通りの匂い。階段の扉の色ガラス。市場の騒音。誰かが彼を起こしにきてくれるのを待つこと。出し抜けに。規則的に。存在論的不透明性。ポリ公の島。漂流するフェリー。ルーヴルの一枚の絵。もっと高いところからの再出発。他者性のコード化に先立って。私のそれ、きみのそれ、彼のそれ。逆立った髪。イレーザーヘッド。方尖柱(オベリスク)。最後の最後(デール・デ・デール)。アルブル・セック通りのチケットなしで入れるレストラン。物語(レシ)の渦巻のなか。舌を出し鼻をつまみヴァイオリンのなかに小便しながら。脱出のための旅立ちのとき、シャルル叔父が軽トラックを遅らせてしまう。エンジンはすでに動いているのに銃をとりにいこうとして。

　爪(グリップ)－接木(グレッフ)。僥倖(アレア)、後遺症的な上り坂(レジデュアル・アップライジング)。まさに動機を欠いた。青い真理。白い友愛。赤い定言命法。シシー・モクセイソウ。カールは立って窓のほうを向いている。ひとつの机、ひとつの椅子。彼は

アルブル・セック通り　パリ一区、ポン・ヌフ近くの通り。

シシー　オーストリア帝国皇后エリーザベトの愛称だが、モクセイソウとのつながりは不明。

腰かけて靴を脱ぐ。銅の盥で足湯。ジャヴェルの入った水を少し。別の時代の貴族の血。逆光のベルナデット、防水した黒いケープ、黒い革紐の付いた毛皮。例はない。けっして例なんかない。ある日、私はあなたと別れるだろう、ある日、私は行ってしまい、そしてあなたは悔やむだろう、私を馬鹿にするあなたは。老いたShi-Ba-Tcheは小さな黒い染みをひとつ垂らし、次に絵筆を止め水を含んだ後光のゆったりとした拡がりを観察する。太古の枝に止まったカササギの跡があらわれる。話せば話すほど、弱すぎる私は危機を避けようとしてむしろ引き伸ばそうとしている。彼らのあいだにある何か。三人の美しいお嬢さん、その名はあっという間に飛んで消える。ローマ時代の路地。彼は彼女に一〇〇フラン札を差しだした。

Shi-Ba-Tche　不明。中国の山水画または水墨画家か?

戸棚の軋み。ざわめきの空虚な形。ベル……マクル……アルバイト……デルフザイル。不断の警戒。バックミラーの束の間の反映。それは意味のあるざわめきから、こみいった文から、ひよわな震えから、倒錯的なゴンドラから、盲目の犬からやってくるかもしれない。いつも窓辺で、綿の上のインゲンから、円盤のなかで、効果的な裏側から、うわさの奔流から。やってくるのが見える。神の痕跡。

デルフザイル　オランダのフローニンゲン州の地域。

グラン・ブルヴァールの小屋のなかに垂れ下がるタチアオイ。ルネサンス劇場。ジョフレーの眼鏡に薄紫色の真珠のような光が反映する。消防員たちの救命用梯子。投光機がファサードをかけめぐる。彼は自分のバランス棒を失くした。彼は片手でケーブルにしがみついた。もっと大きな声で話してくれ、ほとんど何も聴こえない。彼は自分のベッドの上に世界地図、平面地球図を画鋲で貼っていた。ケルゲレン諸島。クリッパートン島。フランス領。そしてあそこ、彼の足下にはウラジオストク。

言われたとおりにしなさい。そのとおり、とんでもない。大金。あるものは暖炉のなかにまっすぐ飛び込み、別のものは最後の瞬間に分岐する。夜更け、すべてが内部に殺到して終わるだろう。ここでは逆に残された痕跡を選別するために、キーボードを叩き猛烈な勢いでデジタル化する必要がある。古びた贅言の腐食土。彼らの震える声。蠅の入ったスープ。音楽の悪魔（ディアボラス・イン・ムジカ）。跛の狡猾なシジフォス。敷物の上のコーヒーポット。ソーサーに押し潰された吸殻。折り重なって開いたままの美術書。レコードプレイヤーを停めようとしてベルナデットが横を向いた瞬間をねらって彼女を抱きしめようとカ

グラン・ブルヴァール　パリ二区と九区の区境ポワソニエール通りにある地下鉄八号線、九号線の駅。
ルネサンス劇場　ポワソニエール通りを東進したパリ十区、サン・マルタン大通りにある一八三八年開業の劇場。
ケルゲレン諸島　南インド洋上フランス領の島々。
クリッパートン島　メキシコ沖にあるフランス領の無人島。

ールはうずくまる。彼の唇が彼女の耳に軽く触れる。クッションがターンテーブルの上に落ちる。レコードの上で腕が震える。彼女は自分のセーターをシェードにかぶせた。彼らがロンドンで買ったセーター。モヘアの。まるで水族館のなかのようだ。気をつけろ、セーターが赤茶けている。

一でも二でもなく。あらゆることに耐える厳格さ。もう一晩以上でも以下でもない。あの意固地さは問題外、彼はそれを予感して周到に遠ざけていたのに。とめどない文句。かわいいお嬢さん。外見は暴走の果てに消えてゆく。彼女はちょっとの間、部屋に入ることもできただろう。彼女らにはたしかに互いに言うことがたくさんある。フィカティエ通りの丸鑿と鉄線。ロルシャッハの図版IIの赤い斑点。色彩衝撃。ペルスヴァルは足下の雪を見るが、そこに彼女が横たわって、いまだ血が見えている。そして彼は槍にもたれかかり血と雪の眺めを見つめようとする。この新鮮な色彩は自分の恋人の顔のそれに見える。彼は彼女を思っていっさいを忘れる。というのも彼はこんなふうに自分の愛しい女(ひと)の白い顔に紅色を見ていたからだ。雪の上に三滴の血があらわれたように。幼形成熟の人物たち。

ロルシャッハ　心理テストの一種。

ペルスヴァル　クレティアン・ド・トロワの古典『聖杯譚』の主人公。このあたりの記述はドゥルーズ&ガタリ『千のプラトー』の「零年——顔貌性」で展開された内容に関連している。

ナチスのインテリたちの締まりのない顔。突然変異的に退化したものたちの異化軍団。起きたことすべての後。何にも触れるな。何も考えるな。サタジット・レイの『大都会』に出てくるマドビ・ムカージーの陰険な、しかし執拗な眼差し。都市の四隅から上がる黒煙。わけのわからない言葉。がまんしろ。やってくるぞ。白蟻の巣では個体化の境界画定はさほど明快でない。社会的ホルモンの実在可能性、未熟な個体の将来にじかに作用する社会の包括的構成があるといわれるからだ。

鉄柱にもたれたカール。金属の骨組みは色とりどりの電球の棕櫚や花輪で飾ってある。第四インターやフロイト派の会議、フォーレ、メーテルリンク、ドビュッシーたちが奥の奥にいる。ていねいに剃った小さな髭。ロラン・トゥタンが飛行機から降りてくる。ドゥーゼを連れて哨戒艇に乗っているダヌンツィオ。ヴラマンクの娘は彼の父の婚約者だったのか？　ヴァンドーム広場記念柱前での演奏会。シチリア、モンレアル修道院の回廊。ジャン゠エロルド・パキ、シュトゥットガルトの裏切り者、サン゠ピエールのラジオの緑の眼。ヴィクトールは扉を開けたまま便所に座っている。もう一度だけ彼

『大都会』　サタジット・レイ、一九六三年制作の映画。

フロイト派　ジャン・ウリの影響下、ジャック・ラカンのテクストを読みはじめたガタリは一九五四年からサンタンヌ病院でのセミナーに出席。ラカンの分析も受けていた。一九六四年、ラカンによるパリ・フロイト派の立ち上げにガタリも参加する。

ロラン・トゥタン　Roland Toutain (1905-1977). フランスの俳優。ジャン・ルノワールの映画『ゲームの規則』（一九三九年）に飛行士役で出演。

ドゥーゼ　Eleonora Duse (1858-1924). 一時期ダヌンツィオの愛人であった女優。

を見たいのか？　晴れ着を着て黒い靴を履いた彼に。新聞紙で蔽ったジャムの壺を並べたテーブルの上。戸棚の上の屍。身体（コール）。ボディ。漂流する宇宙飛行士。モノポリーの緑の家と赤いホテルの並び。

　これはロシア人の音楽家。彼はこの音楽家しか知らない。いちばん名高い。『展覧会の絵』。これはばかげている、じつに単純だ。『ボリス・ゴドゥノフ』。がらくたの山。ボロディン、リムスキー、ボリショイ劇場の『金鶏』、チャイコフスキー……　たぶんアンドレ・メサジェとピエール・オディジェに近い。四十雀（メザンジュ）と呼ばれていた少女……　カフカにおけるロシアへの傾斜、アメリカへの傾斜に釣り合うように。カルダ鉄道の思い出。道はステップ地帯に入り込み無人駅で途切れる。ベルナデットは『展覧会の絵』を主題とした日本の電子音楽のレコードをかけた。彼がその名を思い出すときには何が起こるだろう？　一本の逃走線、宇宙の拡張。複数形なら、それをどう言えばよいのか？　フルシチョフ、ワルキューレたち、ゴリウォーグのケークウォーク。生まれつつあるひとつの〈宇宙〉、その他の可能な宇宙たちの発端。このサラバンドにぶつかるのは、はじめてではない。〈抑圧されたもの〉－〈抑圧するもの〉、潜在－顕

ダヌンツィオ　Gabriele D'Annunzio (1863-1938). イタリアの詩人・政治家。

ジャン＝エロルド・パキ　Jean Hérold-Paquis (1912-1945). 第二次大戦期の親ナチス派ジャーナリスト。

モノポリー　ボードゲームの一種。

『ボリス・ゴドゥノフ』『展覧会の絵』（一八七四年）のムソルグスキーが作曲したオペラ（一八七三年）。

ボロディン　Alexander Borodin (1833-1887). ロシアの作曲家。

リムスキー－コルサコフ　Nikolai Rimsky-Korsakov (1844-1908). ロシアの作曲家。オペラ『金鶏』（一九〇九年）を作曲した。

アンドレ・メサジェ　André Messager (1853-1929). フランスの作曲家。

カルダ鉄道の思い出　フランツ・カフカの短編（一九一四年）の題名。

日本の電子音楽　冨田勲『展覧会の絵』（一九七五年）。

ワルキューレ　北欧神話に出てくる半神。ワーグナーの楽劇『ニーベルングの指輪』四部作（一八七四年）の第一部の題名。

在、そして欠如や欠乏、去勢などのごった煮。リムスキー=コルサコフ。コルサコフ症候群。それはほぼそこにあった、言語の届く範囲に！　Gがひとつ、おそらくRがひとつ。Rの脱落。二音節で。手元に辞書がないとはなんという幸運！　いつだって物語るべきことなんかない！　破壊的な愛の混沌。別れの瞬間に彼は戻った。まるで何かを忘れていたかのように。他のみんなはすでに外にいた。彼らは自動車のそばで彼を待っていた。だが彼女も浴室から出て薄明かりのなかで彼を待っていた。彼女は彼が戻ってくるところを見たのだろうか？　数秒の抱擁。パリであなたにまた会いたい。住所を教えてほしい。彼らは自分たちの駆け引きを予感していたのだろうか？　そこから始めてこそ〈宇宙〉の指標という観念が構成され、鳥=竪琴が窓を叩きにやってくる。リムスキー=コルサコフ、ボロディン、グリンカ、ドストエフスキー、サルティコフ、そしてもちろん、トルストイ！　それにゴーリキー！　グラナドス。ボリスの死。ハムレット。ダシール・ハメット。妻を殺す狂った巨体の黒人。危うく忘れるところだった。しかし、ずっと簡単。オセロー。新たなそして不条理な逸脱。コスタ=ガヴラス、オセロー。輪郭が解体するときの人種差別者の苦痛。『展覧会の絵』。ピアノのための編曲

グリンカ　Mikhail Glinka (1804-1857). ロシアの作曲家。
サルティコフ　Mikhail Saltykov-Shchedrin (1826-1889). ロシアの作家。
グラナドス　Enrique Granados (1867-1916). スペインの作曲家。
コスタ・ガヴラス　Costa-Gavras (1933-). ギリシャの映画作家。イヴ・モンタン主演『Z』(一九六九年) などで知られる。

はドビュッシーを思い出させた。オーケストレーションのほうがピアノ用の楽譜からリムスキーか誰かによって作曲されたのでなければ。ゴヤ、ガイア、子を貪り食うクロノス。死んだ愛の傷口。ランメルモールのルチア。ピアノを前にしたシャルル叔父。マティス、ヴラマンク。ピエール・フランク。マノン。彼女がドアを開けたとき、彼はこれ見よがしに彼女のほうへ向かった。私に電話して。複数のまなざし。沈黙。グリンカ。ビッグバンというゼロ地点における眩暈するような宇宙の凝集。ブラックホール周辺の白い矮星。ひとつの愛、ある意味では！　グリゴレンコ、カターエフ、ジョルジュ・サンド、ハンスカ夫人。〈宇宙〉の鍵、非シニフィアン的開けゴマ。セリメーヌというクリナメン、凍てつき死んだ未生の強度を励起状態に導くために。ムソルグスキー。コケ。シジュウカラ。癲癇。苦さの奥底。もっとも大きなもの。ピエール・オディジェをどうして越えられようか、名手の従兄弟。少年水夫。見習い水夫。さあ海軍の男たち。大物から見習い水夫まで。グルーチョ。フルシチョフ。ゴリウォーグのケークウォーク。フィネガンズ・ウェイク。マヌー、マノン。GかRを付けて。私はオディジェ（ジェディオディジェ）と言った。見習い水夫。彼こそみんなに食べられるだろう。カターエフ。彼らは蛙

ランメルモールのルチア　イタリア人作曲家ドニゼッティが作曲したオペラ（一八三五年）の題名。

グリゴレンコ　Pyotr Grigorenko (1907-1987). ソ連の反体制派の政治家。

カターエフ　Valentin Kataev (1897-1986). ロシアの作家。

ハンスカ夫人　Ewelina Hańska (1801-1882). ポーランド出身の貴族。夫の死後バルザックと再婚。

セリメーヌ　モーツァルト作曲「羊飼いの娘セリメーヌ」（一七八一年）より。

を食べた。

　パキスタンの子供たちは五歳になるとすぐ奴隷になり、夜明けから日暮れまでブロックをつくるために泥をこねまわす。ミチューリン。リセンコ。マトリョーシカ。仰々しい飾り。グラスハーモニカ。両眼がひきつる。階段の歩み。そうだとも、きみはすでに彼に会っている。柳の木の家具。ベル・エポック調の光沢紙のポスター。絨毯に散らばった服。彼女はベッドに近づきルーシーの顔に手を差し延べ指の端で彼女の唇に軽く触れる。かたわらには、半ばヤギ半ば狼の乳色の体が壁のほうを向いている。ミラノにいるタイプの男。だが彼女たちはむしろ台所にいくだろう。ラベ・ド・レペ通り。出発の時間（タイム・トゥ・リーヴ）。彼がジョフレーの筆跡を認めたとき（だが彼はそれを読むのを拒否した。彼女が彼の誘いに答えたらたぶん彼は逃げだすだろう）。

　冬の厳しさ。無限の螺旋。数々の壁、無言、無為の壁。野生のラヴェンダー。目隠しした両眼。慇懃無礼。もしお許しいただけるようでしたら。確信のなさからくる動悸。苦悩と罪悪感というその膿

ミチューリン　Ivan Michurin（1855-1935）. ロシアの生物学者。

リセンコ　Mykola Lysenko（1842-1912）. ウクライナの音楽家。

ラベ・ド・レペ通り　パリ五区にある通り。

んだ源。果てしない性感帯のような。器官なき身体。そしてもしすべてがイタリア人の到来のように再開されるなら。フルヴィエールのトンネル。血を吸ったスポンジと化したジャン＝ルイ。がんばれよ、あんたを迎えに戻ってくるぜ。彼は特別だ、彼は宙を舞っている、別の言い方をすればいくつかの次元で立ちまわっている。ペルーその他の地域での子供たちの誘拐、移植のために眼球をくりぬき、北米の高級病院に売る。飲料水を欠く二十億の住民。十億の文盲。スラム街の五億人。それはわかった、労働者階級の安定、それは依然として重要な課題だ、でもそれはもう以前と同じ重さをもたない。そして第四世界！　きみたちは第四世界をどうするんだ？

断片になった気むずかしい女たち。中間のパルメニデス。谷越え（ヴォー）の琺瑯（エモー）。野（シャン）を越えて降伏の合図（シャマード）。羊皮紙のような、そして穀物に関すること。マルシー投槍。マンドリン－磁器。ネオン管が上から下へと平行して走る新宿のビルディング。傾いた頭。物言わぬ瞳。キリストの涙（ラクリマ・クリスティ）。錬鉄製のベランダ。脱臼した他者。紐付きの操り人形。淡いセピアのアラベスク。一九三〇年代の貨物操車場。ばかげた危機の解除。彼らが私たちをばかあつかいしていると言ったので

器官なき身体　アントナン・アルトー『神の裁きと訣別するため』（一九四七年）などの文章にあらわれる言葉。ドゥルーズとガタリは、ことに共著『アンチ・オイディプス』『千のプラトー』においてキー概念として使用。

フルヴィエールのトンネル　ローヌ＝アルプ地域圏の圏府リヨンのフルヴィエールの丘下を走るトンネル。

は足りない！　舌たらず。エリック・サティの極端にゆっくりとした曲。台風の目。さて千にひとつも当たりっこない、ペルピニャンの駅を出たところ、夜のきらめき、強力な詩、みんなで食事。ラ・プレストでの湯治の後、ヒッチハイク、近親愛の夢、隣室の父と母。すっかりでっちあげられ見いだされた燃えさかる孤独、満ち溢れては空になる。ユグノーを保護した不平党のアランソン公。もうひとりの狂人の係船地はない。誰が知ろう！　千光年の彼方で座礁した。赤、青、黄とウィンクする眼。通りを下ったところにあるホテル。戦前のメトロの色とりどりの車両。郊外の公団住宅。背水の陣。皮膚のなかの四つの弾。きみはチョイスする、わが友よ、きみは望みどおりにチョイスする。あるいはそれはポン・カルディネ駅でマネキンのように突っ立っているカールだ、瞳のような青緑色の点滅、あるいは件の駅の出口のあのホテルだ、すべきことは何もなく、言うべきことは何もない、ただ果てしない震えだけ。

彼らにはただひとつの身ぶりが残されていた。他の手に差しだす手の身ぶりだけが。そして彼らに必要なことは、そこから始めて人類がそれでありえた何かを再構築することだった。もうちょっとの

ラ・プレスト　フランス南部ラングドック＝ルション地域圏ピレネー＝オリアンタル県。

ユグノー　近世フランスのカルヴァン派教会。

アランソン公　Hercule François de France（1555-1584）．アンリ二世四男、不平党設立者のひとり。

ところで可能だったこと。腋の下の湿り。ブルドッグ。ミル・フォイユ。彼は予定より早く到着した。彼は数週間前につくりはじめていたベルトを頭のなかで裏返す。三十回ほどの動作で一段ずつ織っていく。非シニフィアン的リトルネロの廃棄する力。ミクロのブラックホール。それらは過去を引き裂いた。これは陰謀だ。アンキロサウルス、ステゴサウルス、獣脚類、草食性恐竜、鳥脚類、パキケファロサウルス、ケラトプス。鷲座（エーグル）通りの反対側にあるホテルの横の剝き出しの壁。雲。彼は屋根裏部屋に天体望遠鏡を設置した。ざらざらした月。一段欠けた錆びついた梯子。クランクハンドル付きライト。サイレント映画。青味がかったフィルム。向かいのマルテール大人の家の庭、プラタナスの下で夏の読書。夫は卒中で亡くなった。朝方まだベッドにいたとき、窓際で彼はそのニュースをすばやく察知した。通り、窓、鏡を貫通。

　線を引け。火花。急流の河床。暖炉の上の閉じた眼。階段の手摺りにしがみつく手。ニッケル－ヴィヴァルディ。乳製品を積んだトラック。リュックサックに腰かけて。急な坂に着く前の長い歩行。サルトリスの中庭の足場に立つ男は、五大陸の民話的モチーフを彩

ミル・フォイユ　フランス発祥の菓子。日本ではミルフィーユと呼ばれることが多い。

アンキロサウルス、ステゴサウルス……以下「ケラトプス」までいずれも恐竜の種類。

ニッケル－ヴィヴァルディ　水道の蛇口などインテリア製品のメーカーのことか？

った巨大なフレスコ画を描いている。ついに外の世界の密度を感じとるための長い歩み。月桂樹の葉が細かい断片に石化する。ニューヨークのベンチに腰かけてセリーヌは彼がメトロの入口だと思い込んでいた公衆便所の入口をながめる。だが問題はそれではない。なぜ視点がこのように移動するのか？　さらに高いところから、彼のホテルの部屋から。高さが急変。サン・パウロの橋。窓の上の犬。シャン＝ゼリゼ公園内の切手市。〈語り手〉とジルベルトの足跡について。赤い髪、そばかすだらけの顔。マルセルとマリー・ド・ベナルダキー。ボローニャのＡＤ宅の台所の壁の割れ目。彼らは仕切り壁を壊すだろう。解体現場のファサードの上、破壊されたアパルトマンの跡。終わってしまった親密な関係。私を監視するマグマはもうない。クイーンズ経由でマンハッタンに到着。ロング・アイランド・エクスプィ。ヴァン・ウィック・エクスプィ。エクスプィとは、どういう意味か。彼は身のまわりのものをとりに戻ってきた。先のことはわからなかった。最後の瞬間に私が尻込みするだろうと彼は考えたのだろうか。ウジェーヌ・カロン通りの小間物店。彼女は彼にはっきり話してやるべきだった。最後に一度だけ交わりたいと彼は彼女に哀願した。むかつく。彼は部屋の隅の床で寝ることに

セリーヌ　作家のルイ＝フェルディナン・セリーヌ（Loui-Ferdinand Céline, 1894-1961）は一九二五年に渡米。『夜の果てへの旅』（一九三二年）でも入口が「故国の地下鉄のような」ニューヨークの公衆便所に言及している。

〈語り手〉とジルベルト　プルースト『失われた時を求めて』の登場人物。第二篇『花咲く乙女たちのかげに』で語り手はスワンの娘で初恋の相手ジルベルトとシャン＝ゼリゼ公園で出会う。マリー・ド・ベナルダキーはジルベルトのモデルのひとりとなった実在の女性。

クイーンズ　ニューヨークの東地区。

エクスプィ　「EXPWY」はExpressway（高速道路）の略。

なった。結局台所だった。ブルーノがあんなふうにノックもせずに入ってきたとき。ソファで服を着たまま眠った。もはや彼の身体は乳房や尻や性器など、消費可能な断片を引っかけるコート掛けのようなものでしかなかった。それにしてもその髪、項、睫毛、足の指、要するにその魂は！　勃起していたとき、彼のペニスは彼女にとってもう一種不躾な道具、エスプレッソ・コーヒー沸かし器のレバーにすぎなかった。彼女は腿と歯を固く締めつけた。動物の爪が生えるのを感じた。冷感症にならないチャンス。彼女がブルーノと確かめることができたのはそのこと。

ポルト＝ジョワの丘陵地帯のほうへ、ポールと自転車で。詩節、林檎。群れ、リエカ。誘拐。北斎、ベゴニア。いつもいっしょだったあの歳月の後。別離という試練はカールを茫然自失させ、余裕もなく立ち直ることもできず、彼は現実に直面するしかなかった。ある神秘的遺産を除いて。けっして宗教ではない。けっして超越性ではない。ひび割れた内在性、まったく未熟でもある。それはいつも何かの役に立つだろう。自己と宇宙の征服。ヴィクトールの死の代償として鋳固められた魔術的全能。彼はついに何がなんでもベルナデットへの愛を強めることになった。そこにどれほど距離があろうと。だが他者、第三者が木霊し、侵入し、痛みを与える。ジョフレーがいつもいたるところにいる。カオスモーズの指針。私はきみを信じている。子供たちは情報端末を家の四隅に置き、そこから彼らはゾーエーという洗礼名を与えた誰かと交信した。ゲームのひとつはかくれんぼ遊びで、彼らが別々に捕まるときは輝く閃光は消えるが、この閃光は彼らがある配置で集まるときには逆に彼らを追いかけるのであった。それは一種の三次元の碁遊びだ。別のゲームでは、彼らはあるやり方、あるリズムで、彼らを取り囲むオブジェを、それらが色とりどりのオーラを放つまで叩かなければならない。このオーラは彼らに爆笑を引き起こすのだが、大人たちを苛立たせ怖がらせることもできる。彼らが自分たちの行動範囲から逃れ去るようにレシーバーからも遠ざかることをたえず大人は求めるのだ。

私が誰だか覚えてる？ 雨の下のサン＝ジャック。ガリシアでアリシアと一緒に。インド人の軍隊。グンガ・ディン。クマシデの木の下で。オ・コック通りの食堂。階段を二段降りる。彼らのあいだの何か。それには資金が必要だろう、たくさんの資金が。媚びへつ

カオスモーズ　ガタリが生前に著した最後の著書の題名にもなったジェイムズ・ジョイス『フィネガンズ・ウェイク』（一九三九年）中の「カオスモス」に由来する造語。カオス＋コスモス＋オスモーズ（浸透）を含意する。ただしここではその形容詞形「chaosmique」が用いられている。

サン＝ジャック　パリ十四区にある地下鉄駅のことか？
ガリシア　スペイン北西の自治州。
グンガ・ディン　ラドヤード・キプリングの詩の題名。キプリングはイギリス領時代のインドで育った。

ピック・エ・ピック・コレグラム
子供たちの囃し歌。

らい。好色無敵艦隊。ピック・エ・ピック・コレグラム。フラ・ディアヴォロ。そして母の命日に彼はあえてピアノを弾くだろうか？ 彼はその許しを得ようと思っていた。クルブヴォワにある犬の競技場。だって彼は。戻ってきて。うまく説明できない。ストックホルムの声明。和平はかろうじて保たれている。ラバージャという娼婦。彼はあてもなく出発した。スレートの鉛筆。彼の唯一の安全保障、一本の空虚な線、すべてと無の純粋ながらくた、いつもと変わらぬ何か、自業自得。いや、それが唯一ではない、黒真珠、薔薇色の分冊、夕暮れのラマラー、お行儀よくしてね。頭を上げて。胸を張って。それから彼はもう電話しなかった。窓に面して。足湯。ジャベル水。そしてすぐ間近にある解消しがたく位置のわからない観念的存在。兄弟なき兄弟愛の明らかな壁とともにある差異。執拗で活発な灰色。猫ではないかもしれない猫。いたるところにアリスの明証性。そしてあそこの二階か三階。確実に三階、しかし原理上の躊躇を含んでいる。さらに差異をともなう差異、まともに照りつける太陽、逆光の髪、もっと家族的な。ユース・ホステルの前の類的マトリクス。恥も外聞もなく。あるいはシャルル叔父の中庭で。否、疑いの余地なく、シャントルー近くの灰色の細長いユース・ホステルの前で。お目当てでない娘といっしょ。単純なきっかけで幸運を知らされる瞬間。それを考えなおしてみれば十分だろう。Rが脱落する前に、これを最後に。よどんだ空気にジョフレーは満足していた。だがカールのいわゆる器量の大きさとは、さもしい落ち込み方と同義ではなかっただろうか？　カールは彼に彼女についてずいぶん話していた。ふたりは互いに知らないまま手紙を書きあっていた。彼女は彼に切れ切れのジグソー・パズルの断片になった自分の写真を送った。それは数ヵ月続いた。彼がテル・アヴィヴで彼女に会うまで。

ひとつの仮定、単純な仮定。サンセール、コーヌ、プイィ。彼らは木の家に住んでいる。私たちが船で着く。彼らはもう私たちを待っていなかった。プロコフィエフはいつも彼を苛立たせた。悪しき思いを抱くもの。彼女は彼にヴァカンスのことを話すだろう。減刑請願。あなたはご存じでしょうか。彼方の青。仮借なき闘技場。ひび割れた視線。川端。とともに。それなしで。それでもやはり。猶予。留金（フィブラ）。それほど要求がましくしたわけではない！　彼らが夜明けにやってきたなら。剝き出しの動悸。おまえは彼に話しかけるだ

サンセール　サントル地域圏シェール県、ロワール川沿いの町。
コーヌ　ブルゴーニュ地域圏ニエーヴル県の郡コーヌ＝クール＝シュル＝ロワール。
プイィ　コーヌ＝クール＝シュル＝ロワール郡の町プイィ＝シュル＝ロワール。ロワール川の対岸がサンセール。
プロコフィエフ　Sergei Prokofiev (1891-1953). ロシアの音楽家。
川端　日本の作家、川端康成のこと。

ろう。倒錯的相似性。ラマテュエル。

何度かの機会に彼は自分が失くしたものすべての証拠――そのひとつが必要だった――を握っていた。ぎりぎりまで狭められた世界がつねにある種の完全性を通して目の前にあらわれる。足のない人から軽業師までそうなのだ。彼はふたたび中庭を通った。彼女は座ったままだった。パスカロの巨大な長方形の広場、木々に囲まれていた。死があなたに挨拶する。天上の闘い。彼女は彼にすっかり夢中になっていたかもしれない？　フィデリオ。彼が彼女の出発を急かしていると彼女ははっきり感じていた。リエカの娘、ヴェネツィアのキャンプ場、ヒッチハイクでローマ行にむかった、オスティアの砂浜に張ったテントの近くの雷、ヴァチカン美術館。彼女はアヴィニョンに住んでいた、城砦に面したカプラードというところだった。あべこべ。ジムカーナ。寄木細工。窓にくっつけた鼻。私にちょうだい。嵐が彼女の月経を引き起こした。アブラクサス。名誉に名誉が重なり。切り札のない七。ふたつのキャンプがあるだろう。お父さん、ぼくの精神的苦痛が体にあらわれているのがわからないの？　彼女は一足飛びにやってきた。私が窓を開けるなら、冷蔵庫

ラマテュエル　プロヴァンス＝アルプ＝コート・ダジュール地域圏ヴァール県サントロペの海を望む町。

オスティア　ローマのティレニア海に面した町。

ジムカーナ　馬術競技、またはモータースポーツ。

アブラクサス　古代の神霊の名前。

が空っぽなせいで愚痴るなら、レコードをかけると言いはるなら、私はうんざりする女たちの女王で、的外れの哀れな馬鹿女。あなたの手紙のせいですべてが始まった。とはいえ彼女にはまったく罪はない！　識別できない壁だらけの迷宮。いったいどうして私のなんでもない言葉があなたに火をつけ炎上させるの？　天上近くにあるガラス板に貼りついた不透明な光。廊下左手の長くて狭い物置。本の詰まった段ボール箱。老いた馬の記憶。ありふれたビー玉のケースのなかの透明なビー玉のような英単語。そしてイギリス、漂流する緑色の島は私たちに何を望んでいるのか？

億万長者の憂鬱。気むずかしい。ハイヒール。手を叩きなさい。ヴェール。ヨーロッパコマドリ。同志、足並みを揃えよう。とうとうおまえはやってきた！　見えない亀裂。私は彼女を一瞥するだろう、尊重するだろう、彼女にとっての、私にとっての、その他すべての者にとっての存在理由を考えるだろう。金褐色の木の色。もう服従しない、五スー、なんとか所帯を構えるための五スー。暗がりのなかで彼は彼女を待っていた。彼は居間のカーテンのなかに身を隠した。

アドルフ。蝕む根。手は手摺りをなでる。一歩一歩（パザパ）、一歩も進まない（パザンパ）。そこに根が生える、そこにいるがゆえに。ジョフレーは彼なりの仕方でむしろよその世界にあることの達人だった、とはいえ彼は控えめに凝った世界に楽しみを見いだした。だが他者に対する彼のあり方、他者を抱擁するとき、媚を含んだ自己愛的な彼の愛撫には同類みんなに対する奥深い軽蔑が隠されていた。カールのほうが彼の緊張症を通じて他者への真の生成変化におそらくもっと近づいていた。熱狂的部分。パリンジェネシス。狼化妄想。プレコックス感。まさしくすべてが解（ほど）かれうる収縮性のゾーン。げんに存在する前に遺跡になること。威厳に満ちた母の金褐色の視線。

根負け。もの静かな苦役。四次元。小峡谷、セリーヌ。マルソー通り。テラスの牡蠣。手にいっぱい。路路の入口にある小屋に浮浪者が住んでいた。彼と友達になった小さなジョアンを除いて子供たちは彼を恐れている。芝地。ドンちゃん騒ぎ。カーソルの段階的調整。ひとつの記号、たんにひとつの記号、とはいえ適確に調整してある、装置がうまく作動するように、切符販売機または見いだしが

パリンジェネシス　原形発生。

プレコックス感　統合失調症の患者を前にしたとき感じられる独特の印象。

マルソー通り　パリ郊外北西部ラ・ガレンヌ＝コロンブ、クルブヴォワにある通り。

たい情動。あなたの持ち物を片付けなさい。カドゥムのむこうの平野。鉄道の坂で。彼は彼女に何を上手に語れただろう？　ファランドールの興奮。悪趣味なワルツの疼くような弱々しい三拍子。聖ヒエロニムス。マルガラの猫。ラウル。プリヴァダ・ド・ラ・プロヴィデンツィア。マスタードガス。クリスマスプレゼントだった木の鉄砲。森のそばの小屋のなか。ルブシャールのお洒落で社交好きで横柄な面。ハム五切れ。パスカルはすでに十歳にして天才だった。ウジェーヌ・カロン通りの端の「炎の十字架」の祭のときでないとすれば。明らかに他の者たちより年長の小太りの男が所狭しと動きまわっている。

なぜ彼女の身体なのか、愛撫、絹のような葉を広げた。それでも彼はまだ私に喋っている！　イグナチオ、イグナチオ、これは魅力的な小さな名前だ。ナンタケット。バラミン。彼の頭のなかで小川が光を放つ。それで、それで！　だがこの魅惑。彼の全時間、彼のすべての歯。城が廃墟になり忘却され強硬症（カタレプシー）になればいい。

彼女が爪先で遠ざかり消えてゆきますように。万事休す。彼が貧

ファランドール　プロヴァンス地方の伝統的な舞踏。

マルガラ　アルメニア西部の都市。

ナンタケット　アメリカ合衆国マサチューセッツ州の島。

バラミン　睡眠薬の一種。

しく瀕死の床の上にありますように。彼らは彼を迎えに来ると電話で言った。油のランプ。明かりを消し分解しなくてはならないだろう。年齢差にもかかわらず。改行せよ。ベンヴェヌート・チェッリーニ。もう二度と、でなければ。声の届くところ。すばやい齧歯目の動物。一過性。訪れたシェール川沿いの家の壁の本棚。黄昏時に舟で到着。鯨たちの歌の高音と低音。岩壁に刻まれた絵。売春婦をやるなら他所でやってくれ！　遠ざけること、彼女の陰謀。だが拒絶の裏の存在感、拒絶のなかの過剰なサイン。残滓。水の流れに。瓶の破片。アスベスト。タール。地下牢。

いいとも、絶対だめ、保証のかぎりじゃない。型通りの資格取得者。フィラメント。ミネアポリス。鉛による封印。マチュサレム。音色がクリアになる。砂利のなかの赤いドロップ。視線が離れた。初歩的失敗。彼女はヴィラ・ジの魔術的円環の外に出る。排水管、開閉小窓。彼の声が届いたら。戸もなく窓もなく。通りにいる連中。夢のなかに釘付け。私は黙っている。ときどき。ラマラー。遠くから彼女は私服の刑事ふたりに連行される彼に気づく。刑事は彼を車に乗せようとしていた。彼女はすぐ通りを横切ることができなかっ

ベンヴェヌート・チェッリーニ　Benvenuto Cellini（1500-1571）．ルネサンス期イタリアの芸術家。
シェール川　フランス中南部を流れるロワール川水系のひとつ。トゥール西方でロワール川と合流する。

マチュサレム　旧約聖書に出てくる最長老者の名前。転じて大きな酒瓶のこと。

ラマラー　パレスチナ自治区ヨルダン川西岸地区、エルサレム北方の都市。

た。車は遠ざかった。彼は彼女に気づかなかったにちがいない。

彼らの不十分さ。活力、記憶、気力の欠如。適切な訓練を引き受ける能力をもたないかぎり。疲弊困憊。でんぐり返し。歩道の王様。彼らが満足しないかぎりは。形態のために。手摺り。方眼紙。マッコウクジラからとれる蠟。彼らがイニシエーションに満足してくれるといいのだが。青臭い大騒ぎ。イマイのドリッピング、絵の具の滴たる筆。差出人に返送。エアクリーナー。祭壇の前に跪くおしゃべりな女。黒。モアレ。彼は会議を抜けた。彼のいうことを拝聴する、彼は権威だ。フランソワともうひとり、名前が思いだせない人物が彼に合流する。次々辞任。中間で。お返しが前提。自殺するという脅し。木の葉に縁取られ列柱に囲まれた小さな広場で三人ともクッションに寝そべっている。ひとりが起きあがる、手にもった空気銃。時計仕掛けのオレンジ。ボムベックス。彼はボムベックスと叫ぶ。カールのふたりのパートナーが紙に包んだキャンディをひとつかみ彼に投げて寄こす。カールは動かない。今度はフランソワがキャンディのしわくちゃの包みを投げる。もうひとりはそれを挑発ととったにちがいない。彼はそれにねらいをつけ引き金を引く。お

イマイ　画家の今井俊満（一九二八―二〇〇二）。

ボムベックス　不明。殺虫剤の商品名か？

まえにあたったのか？　血だらけの眼。金食い虫。単純な出会い。年の差にもかかわらず。気管支をやられた。有限性の限界。それとは無縁と思っていた。それさえも。彼はそれをやりすごすだろう！　桑をむさぼる蚕蛾（ボムビクス）。完全に打ち負かされる。死、そして。手段は尽きた。不払手形。サン＝ピエール＝デュ＝ヴォヴレの学校。なんともいえない光。十四時の南仏の光。母なる自然の中軸。そこに本気のまなざし。充足律。彼が学校で知り合ったはずの大きくて不恰好なアルメニア人がボディガードをやらせろと彼に提案してきた。政治のことはおれには何もわからない！　彼は大規模なデモについてきた。彼も組織の一員だったデモで、これは若者のために交通機関の料金を半額にすることを訴えるものだった。

あいまい、狂気、シャッターを閉めてください。荒廃。航跡。すでに煤けた脈絡。裂け目。フィラメント。そんな気がしている。走行圏、あら皮。ピネイロス。友愛性なき兄弟への生成変化。母性愛。ルーシーの部屋。おまえの望みどおり自明の理をめぐって行ったり来たり。フラクタル状の島々。曙光に包まれた街灯。卵管炎。曲芸師。二週間、月末。カールとベルナデット。でなければ。実存それ自体。儀式的なラシーヌ。自動的な針路変更。

寝そべり、立てこもり、埋もれ、縮こまり、陥入したカール。本、新聞その他あらゆる種類の紙が積み重なっている。腐葉土。雪のなかの鳥の足跡。メトロの通路を彼は引き返す。同一標準時帯。バスーン。カールは部屋の入口に座ったままだった。あっちへ行かなければ、他の連中と合流しなければ、けっして再出発することはできないだろうと彼は感じていた。自然な自明の理。シャン＝ゼリゼの側道に停まった数台のアメリカ製トラック。生け垣の昼顔。黒い防寒服。ますます私の記憶は薄れてゆく。一握りのイメージ。ヴィラ・ジ、工場のむかいの建物、ある日彼は両親が留守のあいだに宿題をするためそこへ行った。

きみは私にそれをひとつくれる。黴。回避の能力。使用料。ミネソタ。ファスナー。そう、小間物商の陳列台。なぜこんな話に子供たちを巻きこむのか！　ジップザップ。私はそのとき。漢字（カン・ジュ）。つきまとう危険。ちょうどその後。自分はＣＩＡの諜報員だと彼はとうとう彼らに白状した。流れのままに。ラーフェンスブリュック。そ

バスーン　低音木管楽器。

ジップザップ　ゲームの一種か？

ラーフェンスブリュック　ドイツ東部にあったナチスの強制収容所。主に女性を収容していた。

こで彼らは門番に証言させようとした。彼らは彼らなりの解釈で一番に出来事を伝えることに決めた。錠前屋を見つけだす必要があった。ジャケットの一部。テーブルの隅。しばらく前から。

彼の自由になるかぎり。背後で。敷石の上の歩み。ばらばらの記憶。限度内で、打ち上げ花火、大げさな詩句。ダンス、執事のダンス。馬鹿丁寧。引きつった笑い。尺には尺を。縁かがり。水浸しの小路。午睡の時間、彼が目覚めベッドから起きあがると彼の母が彼に私のことを話している、老いた食人種である私について。すばやくつかんだ鍵。計器版の音の塊。間抜け、と彼は独り言を言った、反復、ついで文の崩壊。射抜くような視線。一握りの塩。アラベスクとベルガマスク。彼らは彼に借りを返すだろうか？　セピア色の地下墓所。マイナーな理由。ロジェ・サラングロ。ゴルゴン渓谷。シェードの上のセーター。ミクロメガス。彼がそこから出てきたとき。パタパタという音。彼らは湖のほうに駆け出した。だまされたと彼女が彼に告げたとき。もうひとりが彼をはげましたが列車は駅に停車しなかった。両手をあわせる。ラ・ラプイエール。右、左。ある種の身ぶり。

ロジェ・サラングロ　Roger Salengro (1890-1936). フランスの政治家。各地にその名を冠した広場や通りあり。
ミクロメガス　ヴォルテールの小説（一七五二年）のタイトル、同名の主人公。地球を訪れる巨大なシリウス星人。

銅の配管、蒸気、グリース。他の者たちは彼に返さないふりをした。スキャニング。剝がれ落ちた皮膚の薄片。屋根裏部屋のなか。蠅と雀蜂。腐敗した蒸し風呂。彼らは見つめあった。大勢いたにしても。私がそう言ったように。繊維状のサイレン。青緑色の眼。気取らずに。泥酔状態。内在性の戦略。それほどはなかった。たがいちがい。ウリポ。発芽。二、三、十七音節になろうと。陰険な波。あっというまに。裏技。猛暑。サルトリス通りに立ち寄りながらショーウィンドウを覗くジョスラン。自転車に乗って転げ落ちた。プラタナス。裂けた唇。何が私に起きたのか？　なぞなぞの時間。朝、メトロ。くねくね曲がる。連鎖を形成せよ。板になった霜。表面の剝げ落ちた鍋。徐々に変化する痕跡。意味の過剰。伝道の季節。廃れた眩暈。それについてたくさんのことをあなたは私に語るだろう。

曲がる者。滑る者。ああ！　そうだ。それが他の者にアイディアを与えるかもしれない。弁揺れ腕。動力計。なぜ彼がこの小さな蒸気機関をもってきたというのか？　桑を食む蚕蛾と等分に。率直に。

ウリポ　一九六〇年、フランソワ・ル・リヨネーが設立した「ポテンシャル文学工房」。

弁揺れ腕　バルブロッカーアーム。車両のエンジン部品。

彼の眼に何か問題があるならサン＝ピエール＝デュ＝ヴォヴレにきみは行かされるだろう。彼らが薬局から戻ってきたとき、彼らは彼に何も言わなかった。そしてそれ以来。状況を解明するために。それが彼のアイディアだった。差出人に返送。四年以上彼らは一緒に寝ていたと彼女は彼に説明した。今夜はここにいてもいい？　すべて税込価格。回転警光灯。それについては門番と話し合ったばかりだ。機械状の腫れ物。紙粘土。小便するため暗闇を手探りする。とても単純な人たち。写真は撮らないでください。

彼は喉が渇いている。もうすぐみんなやってくるだろう。葉の間を吹き抜ける風。渦巻。割れた翼。彼はものすごく変わった。ソルボンヌの中庭にある低い扉を抜けて入ってゆく一種の地下室。懐中電灯で照らし出された夜、回廊と大教室を横切りながら。四階にはいくつか小部屋があって、そのひとつが精神分析グループの場所になっている。天窓ごしに鳩たちの痙攣的な動きが見える。たばこ屋の上、トゥルネル河岸とベルナルダン通りの角にある石の階段。六〇ワットの電球。コンロ用マルチプラグと旧式の髭剃器、これはプラグひとつだけ。緑色の金属製トランク。よくわからない。こうしたことすべて。禁じられた太陽。蒼鉛（ビスマス）入り座薬。くたびれ黄色がかった羽根布団。この夜。下のほう。河岸で棍棒で死ぬほど殴られたアルジェリア人。枯れ枝のように軋む手足。パトカーの周囲の黒い影。彼は股を広げる。彼は差し込まれる。動転して彼の胸はいっぱいになる。

六時、夕べ、壁、郊外。そこに行くために。彼女は彼に求めた。歳の差にもかかわらず。彼はエンディンゲンまでバスでやってきた。大理石の入口。彼女は彼の手をとって豪奢な回廊を通りながら彼を案内しようとする。ざわめき、笑い声、リズム。隣接する温室。勝負に出たほうがいい。袖の裾が広がった白いサテンのドレス。黒いレースのスカーフ。手首には三つの腕輪。彼らはけっして私から離れなかった。期限、いつも期限。湖畔の城砦の石落とし。港の免税。たとえ以前と同様に物が次々と無差別にそこを通過してゆくにせよ。疲労したミショディエール。独楽、系譜。いくつかの開口部、それを裂け目と呼ぼう、眼の前、風に吹かれて、腕を伸ばして。クライストミンスター。はずみ。かなりの金額。諷刺の効いた濫喩。見当がつかないだろう。砂地のための。ある長蛇の列の。ついでにいえ

蒼鉛入り座薬　整腸剤の一種。

エンディンゲン　ドイツ西南部、バーデン・ヴュルテンブルク州の町。

ミショディエール　パリ二区、イタリアン通りから南下する通り。

ば！

外見上は。惨敗。廊下の奥、少し開いた便所の扉。彼はちびったにちがいない。彼女は怒っているが彼にはなんでも赦している。彼は嫉妬していると言うべきか？　斜めの言葉。だが無言の視線、従順な承諾。解散する前。別の道、驚きも倦怠もなく。複数のストライキに沿った明証性の線。あれらの無為、その思い出はやがて詩となるだろう。何がなんでも彼女は自分の情念の勢いに任せる。

鉛の兵隊。もっと遠くには何もない、夢、蹂躙された他者性。通りや廊下、地下室で、争いになるだろうとおまえはたぶん予感している。踏み切りの閉鎖。建物の下の鉄の階段。誰かが鍵を持ってくるはずだった。事務所から出ようとする瞬間、彼は拳銃を持っていくのをためらう、彼女が気づいたかもしれないから。

愛しい人。長蛇の列。私が愛する女。とにかく。彼はちょっとだけやってくる。目覚めたときの冬の光。私はけっして言わなかった。ラヌラグ通りのアパルトマンのなか、音楽学校のホールに出るとき

ラヌラグ通り　パリ十六区の通り。

のようなコンサート用の黒くていかめしい燕尾服、銅の燭台で飾り立てた十九世紀末風のアップライト・ピアノ、派手な光沢、アンティミスム的雰囲気の豪華なベビーグランド・ピアノ、ぼろぼろの古いリードオルガン、それにチェンバロ、クラヴィコード、スピネッタのコレクション。そしてとりわけ大きな鍵盤のついたあの巨大な銀製の楽器。みんな以前と同じように見えた。ポラールの事務机に置かれた緑色のガラスの鐘。麗わしのロシェル。眼のなかの諍い。労働者がひとり、屋根から落ちる。都市の女とセーヌ川。彼女は彼女の「もの」を失くした。永遠。誰もと同じように。聖ギィ祭のダンス。ホワード・ストリート。プロジェクト・ワン。サンフランシスコで買った電子チェス・ゲーム。マヌエラの義眼。彼女はそれを取り換えたほうがよかった。彼は彼女を病院に連れていった。ぽかんと開いた眼窩。劇(ドラム)はない、脈絡(トラム)しかない。おまえはサン＝ピエールに送り返されるだろう。カールがベルナデットと別れたのは見かけにすぎない。ほんとうは彼のなかに彼女は住みつづけていた。ロモン通りとトゥルヌフォール通りの角の家。ことごとく消えてしまえばいい、もう二度と、どれもこれも。

ホワード・ストリート　カリフォルニア州サンフランシスコにある通り。

プロジェクト・ワン　ガタリは一九七四年に渡米したさい、サンフランシスコの同名のコミューンを訪れ、「二週間ほど生活を共にした」（ドッス『ドゥルーズとガタリ　交差的評伝』）。

トゥルヌフォール通り　パリ五区にある通り。

おまえは時間をかけた、あれほど時間をたっぷり、みんながおまえに話しかけるまで、こんにちはみなさん。彼はとうとう腰をおろした。風、ヴェール、ほんの少し。おまえは時間をかけた、たくさんの時間を。永遠の裂け目、失態。強硬症（カタレプシー）。まるで何も起きなかったかのように。門が半ば開く。そうだとも、もちろん、彼の言ったとおりこれで全部。この間じゅう、すべてがしかるべき場所にとどまっていた。マリコルヌ。黒いヴェール。修道士。眼を閉じろ。彼らがみんなくたばって、ようやくやっかいばらいできるのを彼は待ち望んでいた。彼は自分に言い聞かせた、自分が有罪だと感じなくてはいけない、何かこんなことだ、そのかわりに心身の障害に襲われる、みなさんありがとう。せいせいしましたよデュモレさん。悦ばしき破局とともに。七つの家族のゲーム。治安裁判所。弟ルーセル。やさしく辛辣なアリス。

マリコルヌ　一九七〇年代に活躍したフランスの音楽集団。

デュモレさん　フランス十八世紀ごろの俗謡のタイトル「よい旅を、デュモレさん」をもじったもの。

付録　分裂分析のほうへ

宇野邦一 訳・聞き手

私たちはどのように書いたか

――最初に、ジル・ドゥルーズとの共同作業がどんなふうに進められたか、『アンチ・オイディプス』(一九七二年)『カフカ』(一九七五年)『千のプラトー』(一九八〇年)という三つの書物のエクリチュールがどんなふうに形成されたのか語ってほしい。レーモン・ルーセルの『私はいかに書物を書いたか』を思いうかべたりもするのだが。

ガタリ レーモン・ルーセルへの言及はおもしろい。彼は、意味の生産要素として、ある種の非等質性を意図的に追求した作家だ。このような非等質性はジルと私とのあいだにも作用している。あらゆる点で私たちのあいだには多くの差異があり、この差異から、一連の意味深い現象が生まれた。私たちはさまざまな表現、語彙を考えだしたのだが、二、三年も経ってしまってから、おたがいがまったくちがう意味で、ある語彙を使っていたことがわかって啞然とすることもあった。そんなとき私たちは大笑いするだけのことで、このような誤解はけっして共同作業の妨げにはならなかった。重要なのは、たがいが一致することではなく、共同で概念の〈工具〉（outil）を使うことだ。この〈工具〉という考えは、ミシェル・フーコーをはじめ、たくさんの人々に採用されたのだが、誰かの著作から一部分、あるいはたったひとつの単語、表現、概念を借り、ある種のモンタージュをすることなんだ。これはまさにルーセルのテクニックであり、アメリカの作家たちのカットアップにも似ている。概念についていわば構成主義的な実験をするわけで、これは場合によってはじつに皮相なコラージュになってしまいかねないが、うまくいけば真の認識や創造のプロセスになるのだ。

おたがい期限を決めて強度の仕事をした。もちろんふたりのあいだにある種の分業はあった。ジル・ドゥルーズは驚嘆すべき教養、哲学史思想史の知識によって、しばしば問題の位置づけをした。彼が何か審査のようなことをしたという意味ではなく、判断はあくまで共同でおこなったが、私のほうはどちらかというと探険家の役割、たぶんいくらか危っかしい役割を果たした。ちょっと愚かな軍事的比較をするなら、彼は兵力の配置、移動を指揮する立場にあり、私は突撃隊をひきうけたのだ。

――きみたちが知りあってから共同作業が始まるまで、出会いと、動機の形成はどのように進行したのか。

ガタリ それはほとんど一目惚れというやつで、あっという間に進行したことだ。六八年の事件の後だった。ひとりの友人の仲介でジル・ドゥルーズに会った。そのころ私はラカンの周囲で起きていることにことごとく批判的だった。もちろんラカン当人にもね。六八年の運動を解釈し収拾する試みがラカン主義のなかにはあった。まったくこっけいなことだと思った。以前からラカンには非常に興味をもってきたが、この種の非歴史的構造主義はじつに反動的なものだという考えを一方で抱いていたんだ。六八年五月当時、毛沢東主義者であったものがラカン主義者になるというかたちでおこなわれた運動の収拾は、まったくこっけいな偽善的なもので、深い怒りを覚えていた。〔ダニエル・〕コーン＝ベンディットさえラカンと会見したりしたんだ。こんなわけでそれまで精神分析と精神病、精神分析と社会的地平の関係について私のもっていた批判的考察は急速に尖鋭化した。批判は直接政治的領域にむかい、論争的な性質を深めたのだ。このようなことをジルに話したのだが、彼は大変興味を示した。彼は私のなかにラカン派の内部告発を見、彼自身のラカン派に対する批判に結着をつけ、五月事件について、彼自身、理論的照明をしたかったんだ。彼は私が話したことを本にするようにすすめた。私のほうではそんな準備はなく、それほど本質的なメッセージをすぐに提供しうるとは考えていなかった。しかし彼は驚くほど性急に私に本を書くのをすすめ、「きみがいま言ったことを書くだけでいいんだ」というのだった。私は冗談半分で「いっしょにやってはどうでしょう」ともちかけた。よしやろう、ということになった。それははじめてのときか二度目のとき、とにかく話はこんなふうに急速に展開し、すぐに本の具体的構成について検討しはじめた。このような事情が『アンチ・オイディプス』の冒頭の、あの性急な調子、息づかいにあらわれている。

――ラカンと六八年五月の意外とも思える結合が『アンチ・オイディプス』の誕生と密接に関係しているという事実は、いまでは案外無視されていることだ。この本の基本的な背景としてとても重要なことだと思う。

ガタリ　この本に対する驚くべき誤解、攻撃、支持も、このような背景によってはじめて説明できることだ。『アンチ・オイディプス』は、精神分析をはじめ、他のさまざまな領域での潜在的な異議申し立て共振する訣別の試みだった。政治も含めてあらゆる分野に勢力をふるっていたラカン主義の、前代未聞の鼻もちならない態度に倦き倦きしている連中はたくさんいたのだ。ロベール・カステルなどもそのひとりだった。ラカンとは『アンチ・オイディプス』を出すまえから面識があったが、彼は準備中だったこの本のことを大変懸念していて、話を聞きたがり原稿に目を通したがっていた。彼はラカン派構造主義の権力的地位が糾弾されることを予感していたんだ。いまでは想像しにくいことだが、この時代ラカンの勢力は大変なもので、精神分析はもちろん、精神医学とその研究教育の場、とくに児童心理学の領域でも、モード・マノーニやフランソワーズ・ドルトなどを通じて強い影響力をもち、カトリックやユダヤ教などの宗教的世界、また高等師範学校、毛沢東主義者のあいだでも一大文化勢力となっていた。さいわいにしていまではもう終わったことだが、当時それに真正面から反旗をかかげるのは大変なことだった。六八年以降支配的なイデオロギーは構造主義であり、まずラカンも尊重していたレヴィ＝ストロース、ヤコブソンに代表される構造主義があり、それからもうひとつ構造主義の末裔というべきだが、他人が構造主義者としてあつかうと怒りだす構造主義、フロイト主義を標榜するラカン派があったわけだ。

――ラカン主義はどうして六八年の反乱をそんなふうに知的に収拾することができたのだろうか。

ガタリ　エリート的な知的集合体をつくりだしたというだけのことだ。一種のスノッブな社交的団体が生まれたわけで、じつに古典的なことだ。この点ちっとも新しい現象ではない。百万人以上の人々を動かした六八年の事件に直面して、多くの知識人は途方にくれていた。新たに存在理由や名声を手にいれるために、新しいレッテル、モードが必要だった。

――ドゥルーズときみとはそれぞれどのように問いやテーマを設定したのか。

ガタリ ジルは『差異と反復』（一九六八年）と『意味の論理学』（一九六九年）によって、歴史的社会的特異性の領域にアプローチするために、まったくオリジナルな解読の工具を用意していた。しかし、彼自身「私はただの教師にすぎない」といっていたように、彼の〈言表行為のアレンジメント〉（agencement d'énonciation）は、さまざまな領域を横断する理論的装置を生みだすためにはまだ十分自由でなかった。おたがい影響しあうなかで、私は彼を伝統的な地平から連れだしたと思う。私と本を書くようになったせいで、ジルの天才は台無しになったという人間も大勢いるんだよ。精神分析に、精神医学に、民俗学に、経済学に、美学的問題にと、いっしょに強度の仕事をした。『アンチ・オイディプス』と『千のプラトー』を書く過程で、いくつもの作業場（アトリエ）が生まれた。『カフカ』を書き、やがて私はひとりでプルースト論〔『機械状無意識』一九七九年、とくに第Ⅱ部「『失われた時を求めて』のリトルネロ」〕をやり、彼は映画論を始めた〔『シネマ1＊運動イメージ』一九八三年、『シネマ2＊時間イメージ』一九八五年〕。映画については、私たちはただの一度も意見が一致した試しがない。私がある映画を見て、おもしろかったというと、彼は顔をしかめて「そうかい」というだけなのだ。映画についての意見の相違はまったく越えがたいもので、ただひとつの映画についてさえ、私たちはいっしょに書くことができないだろう。もちろん彼の映画論は大変興味深いものだが。

――この共同作業は、一種の奇蹟的なエクリチュールの機械と一貫したスタイルを生みだした。そのためには、深い共感にもとづいておびただしい量の仕事が綿密に微妙に分担されなければならなかったと想像するのだが……。

ガタリ　共感と欲望にもとづいた仕事であること、さもなければ無意味であることはまったく共通の前提であり、ふたりとも退屈してしまうことなどけっしてなかった。もちろん大変困難な仕事ではあったが、共感という点ではなんの問題もなかった。一方、私たちのあいだの本質的な差異にしたがって、ある種の管轄が定まり、分担がおこなわれた。しかしそれはけっして分野別の分担ではない。私が哲学的問題にとりかかり、ジルが精神分析にとりくむこともあった。肝心なことは「言表行為のアレンジメント」であり、たとえば人類学のようなセクター、管轄を私はつくりだして作業した。私はあつかわれたセクターのすべてについて、ひとつひとつ適切と考えられる問題提起と展開をおこなった。そして調整、修正、書きなおしをした。ジルも同じ作業をしたが、彼はその深い、膨大な教養によって、どちらかといえば、おのおののセクターよりも全体にかかわる作業をしたといえる。だからといって私が部分にかかわる作業をしたというわけではなく、政治的次元や、〈機械状系統流〉(phylum machinique)、〈脱領土化〉(déterritorialisation)、〈抽象機械〉(machine abstraite) のような概念について一般的次元の仕事もした。さまざまな概念的工具や装置を実際に使用するまでにはいろいろな試行錯誤が必要だった。新しい単語をひとつとり、それを棄て忘れ、またあらためて使用する。ひとつの単語を使用しているうちに、その意味がしだいに変わってしまうことがある。言語の使用法がつねに問題になった。ジルと私がつくりあげたのは結局ひとつの言語（ラング）なのだ。ある人々は、私たちといっしょにこの言葉を語りはじめ、その人々がまた私たちに新しい言葉をもたらし、いろいろなテクストがこの言語に導入された。あらゆる著者からの言語的掠奪によって、この言語は豊富になっていったんだ。もちろんこれによって、一部のボキャブラリーが反復され、ほとんど流行語と化し、かなりこっけいな事態にまでなった。ドゥルーズの周囲には信じられないようなブームがおき、ドゥルーズの学生たちが、私の口からドゥルーズに聞いたとおりの言葉が出るのであっけにとられてしまうようなこともあった。

——きみとドゥルーズはあまり会わないで、手紙によって共同作業をしたという話を聞いたことがあるがほんとうか。

ガタリ そんなことはない。毎週会って議論し、たがいのテクストについて意見を述べ、新しいテクストを交換した。『カフカ』については発表したもののほかに、何種類ものテキストが存在した。あの本の何倍ものテクストがふたりのあいだを往復しつづけたのだ。

——たとえば、たがいの主題をそのつど決め、ひとりひとりがそれについて書き、検討しあったのか。

ガタリ ひとつひとつの主題について書くと同時に、私のほうは、全部の主題について同時に書き進めた。すべての要素がはじめから共存していたわけで、けっして主題別に時間を区切って進行させたのではない。ひとつの主題について書きながら、同時に他の主題に、そして全体にそれを波及させていく。ジルはそれを検討し、分類した。彼が仕事の経済(エコノミー)を管理した。これはいまではなく、もっと後にしようとか、これは興味深いが発展させる必要はないとか。彼が工程管理(ディスパッチング)をしたのだ。『アンチ・オイディプス』『カフカ』『千のプラトー』に出てくる主題は、だいたいあらかじめ全体的に構想されており、ジルが進行をオーガナイズした。私のテクストを彼が書きあらため、私も彼のテクストに書き加えた。つねにテクストがふたりのあいだを回転していたので、もしどうしてもといわれれば、どれが私のテクストか、ジルのテクストかいうことは可能だが、まったく無意味なことだ。しかしジルがいつも最後の形を決定した。私にはそれは当然のことだと思われた。

——とにかく、さまざまな条件がそろってはじめて可能になった他にあまり例をみない奇蹟的な共同作業だと思う。

ガタリ 前にもいったように、この共同作業をまったく惨澹たるものだと考えた連中だってたくさんいるんだよ。将来を約束されていた哲学者ドゥルーズがまったくでたらめな仕事に足を突っこんで、才能を台無しにしたというわけでね。哲学者たちのあいだではドゥルーズへのガタリの悪影響は周知の事実なのだ。もちろん私自身はこの共同作業を奇蹟的なものとして生きた。ジルによってリモートコントロールされ、支えられながら、完全に自由だという二重の感情をもつことができた。仕事のプランと熱狂があり、ドゥルーズの膨大な教養に助けられ、しかもイデオロギッシュな認識論的意味ではどんな強制もないという貴重な経験だった。

——この共同作業には何か根本的に音楽的な要素、衝動があると思う。ドゥルーズもきみもよく鼻歌をうたう人たちだ。音楽的配分なしには不可能なデュエット、オーケストラとしての共同作業。話を聞いているとふたりの作業が全然リニアに構築されていないことに気づく。作業の進行の仕方、エクリチュールそのものがリゾーム的実践のようだ。

ガタリ そのイメージを展開すると、最初の話に戻るのだが、それぞれにまったく異質な音楽的線分があり、それが交錯したといわなくてはならない。たとえばバルトークをとってみよう。民謡や〈リトルネロ〉が、オーケストラの和声的構築に挿入される。ひとつの新しい音楽が、以前には考えられなかった異質なメロディ、ハーモニー、対位法、オーケストレーションの出会いから生まれている。私自身のいくらか乱暴な話法、政治、精神分析、哲学など異なる領野を簡単に短絡させてしまう傾向は、ジルのスタイルとエクリチュール、あるいは思考に亀裂を生じさせたと思う。つまり私たちはけっして心情的な意味でともに歌ったわけではない。それはむしろ差異の音楽、異質の音楽が干渉しあって生みだす、新しい配列による音楽であって、けっして第九シンフォニーの「合唱」ではない。

——この〈差異の音楽〉によって生まれた結合は、たんにふたつの流れの結合、倍化にとどまらず、不思議な変数によって核分裂を起こすように何倍にも増殖しているという印象を受ける。この結合、増殖によって〈開かれたテクスト〉となったのだと思う。

ガタリ　そのように受けいれられ、この本の生成のプロセスがさらに読者に伝播していくこと、それぞれの人が使用法を見いだすこと、それがなければ、書物は自分自身の上に閉じられ、死んでしまう。さまざまな認識に対する触媒作用となり、作用が倍化し、ひろがっていくことこそが、このような共著によってのぞまれていることだ。最初の六ヵ月間、この本にはそれほど反響がなかった。ラカンの指令は「この本については沈黙しよう」というもので、みんながそれに従ったのだ。しかしル・モンド紙に二ページほどの長い記事がのり、やがてブームになった。精神医学、精神分析の専門家たちがどんな反応をするか、大変興味深く思っていたのだが、彼らはこの本の効果をできるだけ中和してしまおうとした。さまざまな批判、誹謗があり、理論的主張に対してだけでなく、私のかかわっているラボルドの精神病院にまで矛先が向けられ、ラボルドではまだ電気ショックをやっているなどという、とんでもない中傷もあらわれた。私のかかわっていた雑誌「ルシェルシュ」（*Recherches*）や「制度論的教育・研究・養成センター」（ＣＥＲＦＩ）にも非難がおよび、私が政府やはてはＣＩＡの片棒をかついでいるなどという流言蜚語まであらわれた。フーコーも「ルシェルシュ」にかかわっていたためとばっちりを受けて、コロンビア大学で彼までCIA呼ばわりをされたこともあって、その話なら僕のことだろうといわなくちゃならないような場面もあったのだ。一方では予期しない若者たちの熱狂的な支持があった。少なくとも一部分を読んで、好きなページを破いていつも持って歩いているカナダの学生がいたり、いささか子供じみたのも含めて、驚くほどの反響だった。芸術家、文化人類学者も好意的だった。もともと私はピエール・クラストルと親しく、彼とは以前からさまざまな意見交換をおこない、例の〈原国家〉(Urstaat)という概念をつくり、古代社会の国家の問題をいっしょに考えていた。彼も「国家なき社会」の考えを同じころ完成させた。他にもたくさんの文化人類学者と私は共同研究をしてきたのだ。そんな事情もあって、むしろ精神医学と無関係の領域での評価は大変好意的なものだった。ところが精神分析、精神医学での反応はおそるべきもので、私は十数人の友人と絶交することになった。いまでこそそういう状況はなくなったが、信じられないようなカリカチュアが登場し、『アンチ・オイディプス』は〈欲望の経済〉であらゆることを十把一からげにしていると、漫画にまでも描かれたりした。この本がほんとうはどんな本か、ろくに読みもしないで、中傷がまきおこったのだ。

カフカからアルトーへ

――芸術家たちが深い関心をむけたということだけれど、実際『アンチ・オイディプス』と文学、芸術との関係は大変興味深いものだと思う。芸術論あるいは美学の書物として読むとき、言説と芸術とのあいだに何か新しい関係が確立されているような気がする。この関係はどんなふうに定義できるだろう。

ガタリ この質問をドゥルーズにも出してみるとおもしろいだろう。けっして同じ答えは返ってこないはずだ。私の観点は結局、純粋に分析的なものにとどまる。私のしたことは、無意識の形成や主体性の生産を明るみに出すことを可能にするある種の〈言表行為の集団的アレンジメント〉(agencement collectif d'énonciation)を定義し、機能させることだ。芸術、文学においても同じ作業をおこなった。カフカについて、プルーストについて、音楽家、画家たちについて考察したのは、けっしてある理論の応用としてではなく、理論的概念的構築のための領域として試みたわけではない。そこには生産的な言表の枝分かれといったものがあって、概念はその副産物、二次的利得にすぎない。たとえば〈動物になること〉(devenir animal)という概念を検討し、発展させることができたのは、カフカを分析しながらのことだった。またアルトーについて考えるというより、アルトーを機能させながら、〈器官なき身体〉(Corps sans organes)という考え方を形成することができた。〈器官なき身体〉はいたるところで、たとえばサド=マゾにおいてもみられるのだが、私にとってそれはつねに機能しているものだ。シュレーバー博士を症例にして精神病についての概念を応用するのではなく、逆に「シュレーバーさん、あなたの主体性はいかに機能するのですか」、いやそれにとどまらず「われわれの主体性を機能させてください」と彼に求めるのだ。これは本質的な転換だ。今日、主体性の偉大な創造者とは、このような人々なのだ。誰かが機械工学の原理を知りながら、これを適用して車を製造するよう工場に指示する。機械工は指示どおり車をつくりさえすればいい。しかし今日の工業の現実はこんなふうではなく、むしろ自動車産業のほうが技師や技術を生みだしている。言表された、あるいは生産された対象の〈系統流〉(phylum)があり、これがさまざまな形態の表現のアレンジメントを生みだすのだ。

カフカについても同じで、私たちはカフカの言葉のアレンジメントのいろいろな形態について考えた。十六歳ぐらいのときから私はカフカを読みはじめた。大変強い印象を受け、『城』についてはまったく同一化的な体験をしたんだ。ついで二十一歳のころ、はじめて精神分裂症の患者に対面したが、彼は完全にカフカと自分を同一化しており、重症のカタトニーだった。私は彼にいっしょにカフカを読もうと提案した。彼はカフカに似た日記をつけていて、風貌もカフカに似ておりユダヤ人だった。いまはイスラエルに住んでいる。こんな経過を経て、ジルとあのカフカ論を『アンチ・オイディプス』の続編として書いたのだが、このとき私にとってのカフカ的アレンジメントはさらに性格を変えたわけだ。こうして官僚制、戦争機械、動物になること、分裂的近親相姦、そして家族などについての考えを大いに前進させることができた。こんなふうにはじめはまったく私的な次元にあった私とカフカとの関係は、やがて、いま私がかかわっているような横断的文化研究の企画へと、大きく拡大することになったのだ。

――アルトーの存在は、『アンチ・オイディプス』のなかで大変重要な位置をしめている。とくに〈器官なき身体〉の概念がアンチ・オイディプスの核になっている。〈器官なき身体〉はたとえば日本では実験的なダンスの世界にも刺激をもたらしている。この本のアルトー体験、アルトー効果はどんなふうに位置づけられるだろうか。

ガタリ　内容についてはたしかに〈器官なき身体〉というテーマに関するものであるが、いまも述べた〈言表行為のアレンジメント〉の水準での効果という観点からも語らなくてはならないだろう。アルトーはこの点でもっとも重要な作家に属するのだ。彼はまず高度に鍛えあげられたエクリチュールの持続そのものであり、このエクリチュールはすみからすみまで、じつに特異な仕方でそれ自身を分裂症にしてしまう負荷を受けとっている。ジョイスのエクリチュールにも同様に分裂的意欲を感ずることはできるけれども、それはまさに意欲であり仕事であり研究である。『フィネガンズ・ウェイク』はじつに洗練されたエクリチュールなのだ。しかしアルトーの場合、そのエクリチュールの負荷は、突如として正常な世界や文学におけるさまざまな意味の座標を横断し、言表行為のプロセスそのものに作用する。アルトーはこれから長いあいだ、モデルとしてではなく（彼はどんなモデル化とも無縁の人物だ）、真に驚くべき地平を私たちに示しつづけるだろう。このような強度に達したエクリチュールの現象はまれにしかみられないものだ。ニジンスキーの手記、シュレーバー博士の記録のような現象もあるわけだが、アルトーは、エクリチュールが、ふつうわれわれの考えているようなものとまったくちがうことをはっきりと示した。画家たちははじめてセザンヌを見て「この男はいったい何をしているんだ」といった。それはしかし、たしかにタブローだったのだ。エクリチュールの次元では、ダダ、シュルレアリスムなどさまざまの決裂、実験があったのだが、いつもしまいには文学的な座標をあらためてもちこむことになった。アルトーの場合は、彼の実存の根、主体性の根そのものが帰ってくるのだ。そのため彼の生涯は真の実験となった。たんなる表象の芸術とはほど遠いもので、これによって彼は偉大な哲学的作家になった。彼は直接に、媒介なしに思考する。存在の学という意味の哲学がそこに実現された。偉大な哲学者のうちにはいつも、ひとつの正真正銘の線分がみつかるものだ。パスカルにもデカルトにもスピノザにも、ある実存的な事件といったものがあり、後に彼らが統合するあらゆる推論やロゴスに繰り返し、それが戻ってくる。もちろんそれは相対的なもので、そんなものは何もなく、ただ大学を管理し、支配的な言説を編みつづけている哲学者もいる。アルトーのように、あれほど猛烈な体験をした個人、コスモスにおいて、人間関係において、言語において、たえまなく闘いつづける個人を見ることはまれなことだ。そして認識の装置を形成するところまでたどりついた。まるで認識におけるオデュッセイアの旅だ。

――アルトーでひとつ注目すべきことは、彼における思考の形態、思考の資格だと思う。それは文学のどんなジャンルにも、哲学のどんなシェーマにも位置づけがたいものだ。手紙のなかで、あるいは詩的テキストで彼が若いとき、執拗に問いつづけるのは思考とは何かということであり、自動詞としての思考が、あらゆる思考の限定と対象を引き裂いてしまう。思考を生産すること、それが唯一の現実となり問いとなるのだ。自分自身も、存在も、言語も、思考も、零度から生産されなくてはならない。この状態はやはり思考に関わるのだから、ひとつの哲学的試みといってもいいのかもしれないけど、それは思考そのものの生成に関わる実践であり、実験以外のものではありえないような哲学なのだ。多くの人々にとって、アルトーは演劇人として、実験演劇の創始者として注目されることが多いけれど、彼の演劇は、このような、思考のまったくオリジナルな体験を根としてもっている。すべてがこの根によって発生途上にあるものとして試されるのだ。

ガタリ　アルトーはただの一度も裏切ることのなかった書き手だ。ロートレアモンをとってみても、『マルドロールの歌』はたしかにすばらしいものだが、『ポエジー』には一種の裏切りがみられる。あそこで彼のやった演戯はあまり賞められたものではない。他にランボーのような存在もいるが、アルトーのように裏切らなかった書き手、実存的な下降によって手に入れたものをけっして市場で取引しなかった書き手はそんなにいるものではない。

――『アンチ・オイディプス』と『千のプラトー』を〈力の哲学〉あるいは〈身体の哲学〉の系譜に

位置づけてもいいのだろうか。もちろんそのとき、スピノザ、ニーチェ、ベルグソンによって形づくられる系譜を意味しているわけだ。〈身体〉といっても、それはあの〈器官なき身体〉によってとらえられた身体、現象学における、とくにメルロ＝ポンティのような統一的な身体像とはかなり異なる身体のビジョンが問題になっている。

ガタリ 結局、用語の問題にすぎないかもしれないが、私はけっして、私たちの本の主題を〈力〉という言葉で定義づけようとは思わない。その逆だ。主体性を葛藤的関係において考える力学的思考、この葛藤によってはっきりと区別される審級をそなえ、しかもリビドーのような等価物の普遍的エコノミーをともなう思考を拒否することが問題だったのだ。力、力学、エネルギー、エネルギー経済学、等々についての思考は、伝統的な心理学と不可分だ。それは結局、主体性の哲学、個人化された主体の哲学にもとづいており、私たちの関心の対極にあるものだ。しかし、きみが〈力〉というときにはもちろん別のことが言いたいのだろう。

――すると〈力能〉（puissance）とか〈強度〉（intensité）のような語は、どんなコンテクストで説明されるのか。

ガタリ ジルの導入した力能、強度といった言葉は――強度はすでに力とは異なる概念だが――、その物理学的比喩によって私たちの意図を裏切ってしまうこともありうる。たとえば精神分析からもし物理学的、生物学的比喩をとりはらってしまったら、何も残らないだろう。それは精神分析に不可欠の要素だ。「意味の論理学」の問題に戻ってみなくてはならない。むしろ〈器官なき身体〉に属する機械状の論理学がそこからとりだされる。この論理はけっしてエネルギー的、空間的時間的座標上に展開されるようなものではない。どうして〈力〉について語らなくてはならないのだろう。なぜならまさに『不思議な国のアリス』の世界に〈力〉は存在しない。すべてが平らだ。すべてが動いている。夢幻的世界の葛藤などそこにはない。何かがやってきて、また消え、他に移る。魔術的でもあれば現実的でもあるこの世界に〈力〉は存在しない。身体についても同じことがいえる。〈器官なき身体〉は「部分のない全体」のようにひとつのアポリアなんだ。ひとつの全体、部分を一括する全体ではなく、部分のかたわらにある全体だ。このような表現によって、とりわけあるタイプの論理学を示そうとしたのだ。私は最近「記号論的エネルギー学」(Energétique sémiotique) というテクスト〔のちに『分裂分析的地図作成法』一九八九年、に収録〕を書いたが、近代科学のとりあつかったエネルギー概念はあくまでひとつのタイプのものにすぎず、別の概念をたてることもまったく可能なのだ。そのため他にもいくつかの概念を導入するわけだが、まずあの欺瞞的な考え方、あらゆる意味や主体性の現象を囲いこみ隠蔽し洗浄し空にして、どこまでも二元的な関係における集合にしたがわせ、圧力、ベクトル、力といったビジョン、二元化され二重化されベクトル化された関係に従属させる考え方と訣別しなければならない。主体はけっしてこんなふうに機能するのではない。われわれが世界に自分を位置づけるとき、けっしてそれは、きみがここにいて、きみの前にフェリックスがいる、というふうにしてではない。きみはいたるところにあり、私はきみの世界のなかにいる。たしかにフッサールが指摘したように主体的支配的ヴィジョンといったものがある。しかしそれは力の問題ではない。きみは〈私〉に小さな場所を与えるため、コスモスの限界を侵したりはしない。そこに〈私〉はいない。ルイス・キャロルの論理とはそんなものだ。

——しかしニーチェ、ドゥルーズの思考における〈力の哲学〉とは、そのような論理と通じあうものではないだろうか。〈力〉は、結局、対立的に弁証法的にとらえられるのではない。いわゆるエネルギー的空間時間的座標にあるのではなく、まったく別の空間の観念、対立的ではなくあくまで内在的な世界を記述する概念なのではないか。

ガタリ ニーチェの引用に対しては、私はかなり警戒的だ。ニーチェはけっして私の好きな哲学者ではない。彼には何かぞっとさせるものがあって、私は深い敵意をいだいている。もちろんすばらしいテクストがあることはたしかだが、どうも納得できない。好きになれないんだ。力の概念を、ふつういわれるのとは別様に用いていることはわかる。しかしこの言葉を誤解を招かずに用いるのはむずかしい。力の哲学はいたるところにあり、力をめぐってさまざまなタイプの権力が存在する。〈超人〉について述べれば、どうしたってある種のあいまいさを帯びることは避けられない。

——ぼくはアルトーを研究しながら、彼の〈力〉〈残酷〉〈器官なき身体〉といった主題を哲学的に解明しようと試みたのだが、アルトーにはたしかに初原的なエネルギーというモチーフがあるわけで、それにしたがって、〈力〉あるいは〈強度〉の記述をしていくと、どうしてもあいまいさを避けられないときがある。たぶん〈器官なき身体〉という概念が、このあいまいさを越えるひとつの解答になっているという感じはもっているけれど。

ガタリ 〈器官なき身体〉はまったく耳新しい言葉だが、エネルギーなき力、非全体化された集合というふうに言いかえることができる。しかし〈力〉も〈エネルギー〉もある種の怪物的な先天的意味性を帯びているのでややこしくなってくる。力はつねに〈力の関係〉をともなう〈力の関係〉の地図学をともなう。これらの関係の〈表象〉または〈表象〉と〈強度〉の対立といった考え方をともなう。

――しかしドゥルーズにおいては、ニーチェ、スピノザの思想との関連でも、このことはほぼ明確にされているのではないだろうか。強度的次元と延長的次元はたしかに対立する。しかし強度の次元には対立も、いわゆる〈力の関係〉もなく、ひとつの内在性の次元があるだけという考え方だ。

言表行為と物語

――〈言表行為のアレンジメント〉という概念についてだけど、この概念は構造主義言語学、チョムスキー言語学に対するきみたちの批判の基軸をなしている。新しい詩学といったものさえ夢想させる可能性にみちた概念だと思うのだが、けっしてやさしい概念ではない。たとえば『カフカ』において、それはじつにダイナミックに、効果的に運用されているが、他のどんな作家、著作についても、この概念を適用することができるだろうか。

ガタリ　言表行為（énonciation）の理論についていえば、これはけっして私たちが考えだしたものではなく、すでにバンヴェニスト、オースティンが鋭い考察を与えているし、オスヴァルド・デュクロもこれについて研究している。しかし言語学者のこの問題をめぐる態度はちょっと不可思議なものだ。というのは言表行為をますます重要な課題として研究し、言表（énoncé）に言表行為を介入させていきながら、同時にこの問題を周辺に追いやろうとするという二重性がみられる。私たちにとって、言語の現象とは、何よりもまず言表行為であり、これが意味生産の諸要素を成立させるのだ。意味の生産も、主体性の生産も、けっしてシニフィアンの組織に固有の内的現象ではない。構造主義言語学の使命は終わっている。

本質的な転換が必要なのであって、言表行為は言語の内部に言説を生みだすプロセスに関与するといった考え方で、言表行為にわずかな権利を考えるだけでは十分ではない。言説は意味を生成する。このとき言語は、言説の成立にとってひとつの要素にすぎない。他にもたくさんの要素が組み合わさるのだ。器官なき身体の要素、社会経済的要素、生態学的宇宙的要素など無数の要素が。これらの要素すべてが語り、意味を生みだすのだ。シニフィアンの鎖、構造はそこではたいした役割を果たさない。

――その場合、構造主義言語学にもとづいたテクスト理論、詩学は有効性を失ってしまうだろうか。

ガタリ　もちろん。意味の生成をもたらすものは構造ではないから。それはいまも述べたようなさまざまな構成要素が侵入すること、それ自体なんだ。音楽の領域ではまったく明らかなことだ。ドビュッシーのもたらした転換とは何か。それはけっして五音音階の使用だけではない。ある種のリトルネロ、さまざまな音楽的テクストの新しい結合、新しいオーケストレーション、それはまさに新しい世界の聴き方であって、音楽の内部の出来事ではない。ドビュッシーのポエジーが音楽的テクストに侵入し、五音音階も、アジアやさまざまな地域からやってきたいろいろなリトルネロも占拠してしまうんだ。あらゆる領域で同じことがおこっているのだ。意味はまったく異質な要素の集合から集成される。言表行為は異質な表現の素材のあいだにある。それは社会経済学的関係、動物行動学的関係のあいだで完成されていく。こういったさまざまな関係が、詩や音楽の領域で、突然変異的な言表の生成にむけてひしめきあうんだ。このような作用をとらえるため、文体論や詩学を特別のメタ言語として発明しても、その結果はご存じのようにあまりさえないものだ。

――詩学の主要な領域である物語論、説話論の問題を考えるとき、この〈言表行為のアレンジメント〉はどのように位置づけられるだろうか。もちろん、ひとつの物語はすでにさまざまな言表行為をアレンジするものと考えなくてはいけないと思う。

ガタリ　物語における言表行為のアレンジメントは、原則としてメタモデル化の活動と定義されるだろう。つまりそれはさまざまな形のモデル化を通じて、ひとつの器官なき身体、新しい座標を構成し、生産する能力なのだ。ドビュッシーのおこなったメタモデル化は、新しいタイプの五音音階、音色、リトルネロを対象とした実存的な生産である。メタモデル化は、たんなる書記のためのメタ言語ではない。いつも新しいのはこのメタモデル化であり、表現の突然変異はこのメタモデル化に等しい。

物語は古代社会においてすでに主体性を形成するものだった。それはまず記憶と血統を伝えた。基礎的な物語は「あなたの祖先のリストをいいなさい」に答えるもの、固有名詞からできた物語だ。この物語にやがて血統だけにとどまらない神話的、文学的要素が付け加えられ増殖していく。私はあるエジプト人の倒錯的な律法学士を想像してみる。このころエクリチュールはたんに麦の袋を数えたり、墓碑銘を刻んだりすることにのみ役立ったのだが、あるとき彼は若い男女にむけて書きはじめ、エクリチュールにエロチックな要素を導入した。彼は物語の機械にまったく予定されていない言表行為のアレンジをもちこみ、芽生えさせたんだ。このようにしていわゆる「雅歌」がやがて自立し、別の物語の政治学が成立し、これが後の時代の宮廷愛や騎士道愛につながって、ひとつの新しいアレンジメントが新しいリビドーの組織を与えるようになるのだ。こんなふうに物語は主体性の自動生産装置となる。かつてエクリチュールの機械は、領土化された主体性のアレンジメントに従っていたが、物語はやがてそれ自体で主体性を生みだすようになった。これによってエクリチュールの転換がおきる。新しい、資本主義的主体性の生産がおこなわれ、物語やメタ物語が主体性の全体を資本化するのだ。文化人類学が世界のいたるところで主体性を資本化する。黒人アフリカのさまざまなリトルネロが、北アフリカのジャズに吸収される。メタ物語は、メタモデル化作用となる。「私はあなたを主体化してあげましょう」。オーストラリアやアフリカの土着民に、北アメリカのメディアによって修正され、完成された主体性が贅沢としておしつけられる。メタ物語、メタモデル化から、原初的な物語に復帰することもおきる。たとえば精神分析は物語の再来、家族小説の再発明なんだ。労働の集団的な組織によって、主体性は資本主義的な主体として完成されるのだが、この物語、家族小説を人は家にもって帰り、頭のなかで、眠っているときも性交するときも分析医のところでも、これを語りなさいと強制されているわけだ。こう考えていくと、物語はどんな意味でも文学的現象に限定されるものではないことがわかる。物語は主体性の様式の全体を資本化するからだ。文学の代表者、体現者が存在することはたしかに無視できない。金を管理する銀行家の役割が存在することを無視できないようにね。しかしそれは貨幣の現象が銀行家にだけ関係するということではない。社会のあらゆる場所、貨幣経済にかかわる場所にすべて関連している。文学、エクリチュールによって仕事をする人も、あらゆる人々の関係する主体性について仕事をしているのだ。

マスメディア化され、情報通信化されたネットワークは、毎日変化するダイナミックな物語を生みだす。地球的な規模で主体化を実現する物語だ。この物語がさまざまな引用の対象になり、あらゆる局地的要素を超コード化し、生産システムを成立させるための基本的な断片になるのだ。あらゆる生産が、このような現代的な資本主義的主体化に関与するのだ。

われわれは、個体的血統だけにかかわる物語の局地的状態から出発したのだが、やがて物語があらゆる主体化の領域を資本化するような状況にたどりついた。あらゆる生産がこのようにして資本化されるわけだ。この物語にしたがって、ある発展の範囲とはどんなものか、エリートとみなされる人間の影響とは何か、保証される人間、保証されないで周辺に追いやられた人間の位置とは何かが決定される。下部構造的な物質をなす生産の配置もまた、この物語によって決定される。物語はふつう、言語的生産として上部構造とみなされるのだが、実際には下部構造のメタモデル化のすぐれた装置となっている。したがって物語の問題はとうてい文学の枠にはおさまらない。

――たとえばJ・P・ファイユは、物語の作用が権力形成と密接にかかわっていることを、いくつかの歴史的事件について綿密に研究しているけど、物語が主体性を資本化する、という普遍的な過程がどのように実現されるか、という側面は、まだこれからの課題に属しているように思われる。物語の形成と変容についての研究からさらに進んで、どんなふうにして物語が、社会を構成するあらゆる分子に横断的に作用していくか、という問題だ。

ガタリ　物語は主体性を生みだすものであり、この主体性の生産が、生産形態の土台にあるのだ。社会の生産、制度の生産、生産力自体の生産の土台にね。ひとつのロケットを月に送るという事業が発表される。そのためには科学、技術、情報のあらゆるレベルで条件が整わなくてはならないが、しかしまず必要なのは、このロケットを製造しようという欲望を生みだす主体的な物語をつくることだ。アポロ計画は、人を月に送るという物語をつくるケネディの能力に結びついている。この物語が生産過程に内属しているのだ。もちろんこれにあらゆるタイプの物質、資本が結合されなくてはならなかった。この主体性が崩れてしまったとき、NASAのアポロ計画の全体は修正され、やがて消えてしまったんだ。

――文学の内部には、このように主体性を資本化する物語を解体し、破壊しようとする流れもつねに存在している。物語のあいだの闘争、それに物語と反物語のせめぎあいがみられる。

ガタリ　反物語にはふたつの形がある。ほとんどカリカチュア的な反物語、人工的に物語を壊そうとする詩やパフォーマンスや、ヌーヴォー・ロマンのようなものがある一方、さまざまな方向、あらゆる表現にむけて移動していくような反物語もある。ある種の言語が他の要素、他の次元と結びついてロックやラップ・ミュージック、一部の自由ラジオに見えるようなまったく異質な言表のアレンジメント、ポエジーをつくりあげるのだ。

――日本の広告のメッセージにも一見そのような現象がみられる。俳句的な発想、リズム、漢字のポリセミオティックな要素、外国語の引用とイメージが結合されて、ソフトな資本主義的主体性の形成に作用している。

ガタリ　テレビのこういったメッセージがいまのコンテクストとはまったく別に、未来には詩として読まれることもありうる。フランスの広告はまだそれほど目ざましいものになっていない。映画館でかかるコマーシャルだけが、かなりダイナミックだけどね。映画よりもおもしろいくらいだ。

――哲学的対象としての日本はなんだといえるだろうか。

ガタリ　あるシンポジウムで、日本の高名な画家という人物が、日本の「特性」について長々と喋ったことがあって、私はいらいらして、いったい「日本がほんとうに存在するとお考えですか」と言ったことがある。「中国、韓国、アメリカのあいだにある日本、それはどこで始まり、どこで終わるのか」と問うたのだが、その人物はまったく私の意味することがわからなかった。「日本になる」ということならあるにちがいない。それは必ずしも日本に住む日本人の問題ではない。カリフォルニアでも、企業でも、芸術でもいい。日本になるということがあるだけだ。日本が存在するなんて考えたら、面倒なことになる。すばらしいのは、日本など存在しないということだ。日本というものも、やはり言表行為のひとつのアレンジメントだ。だからけっして言表されたもの（エノンセ）として語ることはできない。この言表行為のプロセスは地球全体に作用している。〔フェルナン・〕ブローデルの用語を使えば〈世界都市〉la ville-mondeだ。そこではたえまなく言表行為の修正がおこなわれ、さまざまな関係が再考されふたたび現実化される。そして再連結化の拠点が成立している。日本が世界の首都であるというのはこの意味においてだ。つまり、日本は日本人に属しているのではない。それは惑星的な機械のプロセスに参加しているのだ。興味深いのは、古い構造の残滓、古代性が、日本ではまったく突然変異的な言表行為のプロセスに使用されていることだ。他の工業国では、労働力がまったく脱領土化され、家族的、人格的、共同体的構造が消滅しているので、社会的、生産的な主体性を回復することは大変困難になっている。心理学的社会学的対策が必要なのだ。日本が成功したのは、古代的構造を、同時に抑圧的で開放的なシステムをつくるために使用したことだ。もっともこれがいつまで持続するかわからない。こういったシステムがある日突然ふっ飛んで、パリの五月のような事態がやってこないともかぎらない。これまで起こったことはちょっとした奇蹟なのだ。日本人は自分を日本人として、つまり独自の血統において感じ、同時に驚くべき技術的文化的突然変異をとげた。アメリカで起こったことはこれとかなりちがう。このような血統の意識は存在しないが、開拓時代に即座に出自にしたがう集団の形成がおこなわれ、主体化の基礎的グループがつくられた。これはアメリカの創造的要素の基礎となったものだ。

——いくらか乱暴な適用になるかもしれないが、『千のプラトー』の〈戦争機械〉や、『アンチ・オイディプス』の〈分子的機能〉といった概念が、日本の政党、企業、学校、家族などさまざまな場所を横断しつつ作用しているのがみられると思う。

ガタリ　学校や家庭は、厳密な意味ではミクロ社会ではあってもモル的であって、分子的組織であるとはいえない。ミクロ社会と分子的組織は必ずしも一致せず、逆にマスメディアのように巨大な現象が、分子的構造に侵されることもある。アメリカの大統領候補選挙の〔ゲーリー・〕ハート現象のように、マクロ社会のレベルで、分子的な突然変異が起きる。

——ミクロ社会としての家族や学校が、日本ではある種の分子的組織の生産装置になっている。そこでは抑圧のシステムが同時に解放のシステムであるというような両義性の基礎が生みだされるのだ。たとえば一種の身体の政治があり、学校は驚くほど注意深く、子供の身体の管理をおこなっている。企業も学校も家庭と相似の構造をもっているといわれるけれど、その現実的な内容はこういったところにあると思う。企業での毎朝のラジオ体操などにもみられることだ。

ガタリ　つまり、その例では、ミクロ社会はけっしてモル的な仕方で機能するのではないということだね。大変興味深い。モル的に与えられた構造が、分子的なマシニックな作用を実現するという両義性があるというわけだ。

——権力の形成と資本化が分子的な組織によって強力におこなわれる。

ガタリ　倒錯的な家父長性、エディプスのモル的な構造は、ある種のパッション、エロスと結合して機能する。この点、日本人は地球でもっとも偉大な倒錯的民族といえるかもしれない。ひとつの対象に日本人がどんなに狂人のように執着することができるかはちょっと印象的だ。ラジオでこのあいだ、ヒマラヤに登山して死ぬ者の半数は日本人だと聞いた。大変なことだ。たいしてうまくないが囲碁が好きなので、東京でもやってみたいと行ったら、早朝にゴルフ練習場に連れて行かれたことがある。碁といったのがいつのまにかゴルフになってしまったんだ。二階建ての立派な練習所では、エレガントな身なりで、じつに精巧な装置で、数えきれないほどの人たちが一心不乱に球を打っている。私は何か理解した気がした。一種のマシニックな倒錯、狂気だ。日本人が働いてばかりいるかわいそうな奴隷だとか、学校でも勉強づけ、サラリーマンはけっして休暇をとろうとしないし、娘たちは二十五歳まで家から自由にしてもらえないなどと通念がはびこっているが、奴隷なんかではなく、それが大好きで、そこには一種のエロス、サド＝マゾが存在しているのだ。安易に類型化することはできないが、罪悪心や法の内面化もほかとはちがう方法でおこなわれている。何百年も続けて社会全体を規制した一神教ではなく、さまざまな係数をもつ記号的な自由度があり、ある種のやさしさ、身体への配慮、儀式やレッテルへの偏愛、人間関係のエレガンスといった形をとっている。だけど音楽だけは例外だ。あのポピュラー音楽のリトルネロ、甘ったるいメロディはたえがたい。大部分は輸入からきたものだ。コカコーラみたいなものだ。日本の古来の音楽は全然聞こえてこない。

分裂分析と現場

――最後に精神病院での仕事と、きみ自身の思索の軌跡との関連について語ってほしい。ラボルド病院の活動は、きみの著作にどのように入りこんでいるだろうか。

ガタリ　まず言えることは病院とのかかわりは毎週のことで、三十年続けてきたということだ。さいわいにして、旅行などで中断されることはあったけれど。この病院というアレンジメント、クール・シュヴェルニーのラボルド精神病院はジャン・ウリの始めたものだ。じつはそれについて私はほとんど書いたことがない。しかし私の生涯で大きな意味をもっている。まず大学に通ったあとで、ある断絶を経験したということだ。薬学、哲学、心理学など勉強したがつまらなくて、この病院で働きはじめたんだ。それはけっして直接的な関係ではない。二十三、四歳のとき私はこの病院の仕事を始めた。夜昼なくここに住みこんだ。それまでラカンのセミナーにも出ていたし、一定の精神分析学の教育も受けていた。しかしこの病院では、施設の運用、いろんな活動、心理療法など、なんでも担当し、管理者代表としての仕事でも忙しかった。管理の仕事、制度面、病院の規則などにとても興味があった。私のリビドーがそういう方面にむかったわけだ。たんに知的な関心ではない。カフカが指摘したような官僚的労働に対する倒錯的エロスとはこういうものだ。ラボルドは精神病の患者たちの形成する別の惑星で、そこで権力や規則の問題を解決しなければならなかった。この出会いは、私の人生にとって根本的な変化だった。患者たちと生き、彼らを愛する。この生き方とちがうことに遭遇するのは一九六八年になってからだ。これは大学で学んだこととも、政治活動で体験したこととまったくちがって、問題の中心を移動させることになった。ラカン主義的な言語に閉じこもって、外部から切断されるという事態からも、私は解放されたのだ。今日では、むかしのように密接にかかわりつづけているわけではない。週三、四回午後にいくだけだし、医師たちともウリとも合意できない点もあるが、友情は続いているし、いくらか果たすべき役割もあって妥協もしている。

とにかくラカンの精神分析で学んだことと、ラボルドの現場でおこっていることはまったく喰いちがっていた。神経症、ヒステリー、分裂症のどの患者をみても、名だたる精神病院の医者たちの教えから想像されるものとともまったくちがっていた。私はラカン主義者である一方、同時に精神療法医、病院管理者として実践の場をもったんだ。こうして二重の言説を保ちつづけた。彼はラカンを擁護しながらも、一方でまともに現場に関わろうとしない精神分析学者の愚かしさを批判していた。ウリはずっとこの立場に立ちつづけた。六八年の事件までは私もこの二重性を保存していたんだ。政治的問題はどうしても放っておけないたちなので、たんに理論的知的な二重性は苦にならなくても、それが政治的な対立にまで表面化すると放っておけなくなった。極左の活動家であり、ラカン主義者であり、現場で精神医療を実践するという三重性にそのまますわるわけにはいかなかった。ラボルドでの体験は、精神分析医としても政治活動家としても、私が他人とは異質のものをかかえていることを自覚させた。他の活動家は私の精神病院での活動に興味をよせながらも、よそよそしい眼でみていたし、ラカンの派閥でも同じことだった。

——ラボルドによってはじめて一貫性を見いだしたということか。

ガタリ　一貫性は『アンチ・オイディプス』を書いたときはじめて確立された。しかし、ラボルドによってひとつの要請、現場の要請が生まれたんだ。いわゆる文化主義時代の民族学者たちはマリノフスキーを除けばじつに不正直なところがあって、現場を視野にいれたならとうてい不可能な粗大な理論化をしたものだ。レヴィ＝ストロースでさえもこのような傾向がなかったとはいえない。分裂症と分裂分析

（schizo-analyse）の考えは現場の要請から生まれたものだ。最初、病院の仲間たちは〈制度論的精神療法〉（psychothérapie institutionnelle）をとなえていた。〈精神療法〉という考えはあまりに限定的と思えたので、私なりにいわゆる〈制度論的分析〉（analyse institutionnelle）の概念を考えていた。〈制度論的精神療法〉は、人称論的、あるいは間人称論的な概念の分析を中心とするものだった。私はこれに対して、無意識形成の分析は、たんに心理学、精神病理学などによる間人称的関係の分析にとどまっていてはならないと考えていたんだ。無意識形成は、さまざまな生産システムの全体にかかわるものだ。〈制度論的精神療法〉は〈制度論的分析〉のひとつのケースにすぎないものだと考えていた。無意識は、教育、都市、経済、社会生活、芸術などのすべてに関連するのだ。六八年まではラテン・アメリカなども含め〈制度論的分析〉のさまざまな流れが存在していた。しかしそれは社会心理学的な方法を用いるもので、けっして十分なものではなく、私は考えを改めていった。分析者のかわりに分析装置といってみたりしたが、それはすでに「言表行為の分析的アレンジメント」の発想だった。私は〈制度論的転移〉とか〈横断性〉といったコンセプトを考え、どんな記号的メカニズムがそこに作用しているか研究しようとした。結局ドゥルーズとともに『アンチ・オイディプス』で〈分裂分析〉を展開したとき、それまでの語彙をすてながら、はじめてこれらの問いを明確にすることができた。〈分裂分析〉は、〈制度論的精神療法〉や〈制度論的分析〉の実践と切り離しては考えられない。精神分析も精神療法も主として神経症を対象としたものだが、分裂分析は精神病を中心にあつかっている。フロイトが特権化してしまった言表行為の座標をこれによって非中心化しようとしたんだ。

――『アンチ・オイディプス』を読む読者は、通念に反してこの本が狂気をほとんど歓喜にみちた出来事として描いているのに深い印象を受けるだろう。それは精神病院できみが確かめた事実なんだろうか。

ガタリ　スピノザがいったことを思い出さなくてはならない。「歓び」はじつに本質的な概念だ。ただそれはそのまま受けとっていいものではなく「歓びの政治学」といったものが必要だろう。思考の座標を変えてしまうユーモアの政治学、意味を無化する転換の政治学をつくりださなくてはならないんだ。たしかに悲しみの、絶望の、分離の世界が存在する。しかししばしば、思考の座標の突然変異が発生するのだ。私がいろいろ体験したことのうちでもとくにユーモアにみちたことはみな病院で分裂症の友人たちと驚きのうちに体験したことだ。私が彼らに影響を与えるよりもはるかに私が影響をこうむっている。ラボルドとパリのあいだを往復しながら、私はまるで分裂病の人が見るように人々や世界を見ていることがある。突然の禅問答の閃きのようなもの、この地球上でいったい何をしているのかという思いがやってくる。若かったころ、ある患者と大変親しくしていてよく雑談したものだったが、あるとき彼は私の話を聞きながら、長いあいだじいっと私を見つめていた。それでも話しつづけていると、彼は私の眼をのぞきながら突然、「この男はまだ喋っている」といったんだ。私の言葉が全部ずれ落ちていくみたいだった。まったく禅の教えみたいなものだ。他の場所ではまずありえないことだ。分裂症自体がユーモアにみちた歓ばしいものだということではない。そんなことがあったら、それこそ革命だよ。精神病は恐るべきものだし、病院はすさまじい場所だ。分裂症になることが新しい革命の道だ、とそんなことを私たちが主張したとけなす連中もいた。精神病は恐ろしいものグロテスクなものだが、克服しうるものとしての分裂的プロセス、そこにおけるさまざまなアレンジメントの断絶、特異性の介入、そこに目を向けることは、ものの見方を考え、笑いをひきおこすんだ。生とは不吉な耐えがたいものだが、じつに愉快なもの、不思議なもの、新しい事態がつねに発生し、目を見張るような冒険もたえまない、そしてなんという不吉なスキャンダルが続くことか、そしてそれらすべてを前にしていったい何をあわてることがあるだろうか……。

＊　このインタビューは一九八四年三月三十日、パリから南へ約一五〇キロ下った村、デュイゾンのガタリの家で録音したものである。彼の勤務するラボルド精神病院はその近くにある。

解説　ガタリ、リトルネロ、プルースト

宇野邦一

「極端に孤独でも、横断性の装置が循環するように仕事することです」
フェリックス・ガタリ『カオスモーズ』

1

この本は二〇〇七年 Editions Lume より出版された Félix Guattari の本 *Ritournelles* の訳書である。原著は一三二ページのポケット版で、ジル・ドゥルーズのよせた短い手紙が冒頭に掲載されている。その草稿は、最初にガリマール社の雑誌「NRF」(*Nouvelle revue française*)の一九九九年一月号と四月号に掲載された。フランソワ・ドス『ドゥルーズとガタリ 交差的評伝』(杉村昌昭訳、河出書房新社)によると、この自伝的断片というべき内容の原稿は一九九二年にガタリが、友人の画家ジェラール・フロマンジェの助力を得て完成したもので、はじめ三〇〇ページあった原稿は八〇ページに縮められたという。ガタリはその年に逝去したので、他の数々の遺稿とともに、これも刊行されないままになっていた。

やがてガタリの『アンチ・オイディプス草稿』(國分功一郎、千葉雅也訳、みすず書房)が刊行され、さらに近年には *Lignes de fuite*(『人はなぜ記号に従属するのか』杉村昌昭訳、青土社)のように『千のプラトー』を執筆した時期にガタリ自身が何を考えていたかをつぶさに伝える文献もあらわれて、私たちはずっと鮮明に、ガタリ自身の思想的展開をとらえることができるようになっている。

そしてこの『リトルネロ』以外にも、『アンチ・オイディプス草稿』に含まれる一九七二年の「ノートと日記」や、やはり「NRF」二〇〇二年十月号、二〇〇三年一月号に掲載された一九七一年の「日記」、さらには一九七七年に刊行された『分子革命』初版冒頭の「あるオイディプスのための墓」を読むと、ガタリの「個人的問題」へのこだわりが詩的実験や小説的関心と結びあって持続していたことがよくわかる。『アンチ・オイディプス』でいかに強烈に精神分析を批判しようとも、ガタリは一生分析家の仕事を続けたし、みずからの私生活や夢の細部まで分析することも続けた。夢のなかには、しばしばラカン当人が、そしてドゥルーズが登場するのだった。

しかもガタリの遺した数々のノートや草稿のなかには、サイエンス・フィクションや「アンチ・オイディプス」を主題とする劇作のプランまでが含まれていた。同時進行するたくさんのWork in progressに取り囲まれて、それらの突然変異的な増殖を生きつづけているガタリのイメージがわいてくるが、彼自身の私的問題も、やはりそのまっただなかにあったにちがいない。「〈個人的な問題〉も、生態哲学的(エコソフィー)な言表行為としてプライベートな場面でも公共の場面でも出現できるようにすべきです」(『カオスモーズ』官林寛、小沢秋広訳、河出書房新社、二〇二ページ)。これはたんに環境をめぐる政治しか視野にいれようとしないエコロジストに対する批判でもあったのだ。エコロジーの限定された枠組みを批判するエコゾフィーにとっては、環境さえも、私的分子的次元から、ガタリが実存的領土と呼ぶような広大な潜在的次元にわたる拡がりのなかで再考されなければならなかった。エコロジーをもっと広大な次元に〈脱領土化〉しようとしたガタリの発想については、とりわけ『三つのエコロジー』(杉村昌昭訳、平凡社ライブラリー）を参照されたい。

『リトルネロ』はたしかにガタリの著書のなかでは例外的なもので、これに対するめだった言及も研究もいまのところ寡聞であるが、これを訳出するのは、もちろんたんに伝記的資料として、あるいはガタリの思想を研究するための補足的資料としてではない。「リトルネロ」（英訳では「リフレイン」となっている）は『千のプラトー』でも、あるいはガタリの著書『機械状無意識』でも、きわめて重要な中心概念のひとつであった。鼻歌や囃子歌や小鳥の歌といった「リフレイン」の次元から始まって、短い音のフレーズの反復効果がやがて壮大な歴史的、宇宙的創造の次元に拡張されていったのだ。

『リトルネロ』というテクストは、ガタリの記憶や感情をめぐる私的リトルネロから始まり、むしろその次元に固着しているかのようにみえる。しかしこのリトルネロも、ある「抽象機械」に結ばれている。「抽象機械」という言葉に集約されるようなガタリの思考の極度の抽象性は、私的、身体的、感情的次元とけっして分離されるものではない。「抽象機械」は、人間生活のあらゆる分子的な細部においても作動する。リトルネロは抽象性に新たな意味を注入する概念でもあった。

『リトルネロ』というテクスト自体の読み方については、あくまでも読者に委ねるしかないが、以下に私はこのテクストの位置づけを構想しながら、ガタリの思想の抽象性と横断性がどんなものだったか、あらためてたどりなおしてみたい。

2

ガタリ自身のテクストやインタビュー、そして詳細な伝記（とりわけ前出の『交差的評伝』）を通じて、若いガタリの政治活動や、精神医療の改革運動へのかかわりがどういうものだったか、いまではずっとよく眺望できるようになってきた。共産党、トロツキズム、アルジェリア反戦にかかわった若いガタリは、おそらくそれ以上に、精神医療や精神分析とのかかわりにおいて独自の個性を発揮するようになった。ジャン・ウリの創設したラボルド精神病院は生涯を通じてガタリの重要な活動の場となったが、ガタリはまずウリの始めた制度論的心理学・社会学作業グループ（GTPSI、一九六〇年）に加わっている。さらにガタリは制度論的研究グループ連合（FGERI、一九六五年）、制度論的教育・研究・養成センター（CERFI、一九六七年）などで指導的役割を演じることになった。これらのどの組織にも「制度論的」（institutionnel）という言葉がついていることにあらためて注目しなければならない。精神の病とその療法を考えることと、治療や収容の場としての精神病院という「制度」を再考することとは同時でなければならなかった。「制度」は、その背後にあるあらゆる強制力や価値観と切り離すことができない。ひとたびそのような発想を始めたなら、あらゆる事柄がそれに連鎖し、まさにあらゆる次元に作動する〈ミクロ政治〉が問われることになる。精神病的な主体性は、そのような多次元の交点に出現するのである。

ガタリはそういう制度論的思考と運動の渦中に身をおきながら、ラカンから精神分析をじかに学び、ラカン派の先鋭な論客にもなっていた。精神分析、精神医学の制度論的運動と考察、やがて一九六八年に集中的に表現されるような抵抗運動などが、怒濤のように合流する交差点にガタリが生きたことは、『交差的評伝』につぶさに記述されている。精神病のケアをするにあたって病院という制度のあり方を問わないのは狂気に等しい、というようなウリの徹底した思考はもちろん若いガタリに決定的なインパクトを与えたにちがいない。しかしガタリのダイナミズムは、やがて病院や医学という制度や、精神分析の境界さえも逸脱して、いたるところに〈別の政治学〉を侵入させることになった。ガタリはやがてそれを「ミクロ政治学」とか「分子革命」などと名づけるのである。

実際に一時期には、ラボルド病院も、CERFIも、「制度論的」精神医学をはるかにこえて政治、芸術、都市計画などをまきこむ混沌とした破天荒な実験の場になっていたのだ。そしてやがてドゥルーズとともに『アンチ・オイディプス』を書くことになるガタリは、アカデミズムに所属しない在野の活動家として、必要に応じてどんな分野にもアクセスし、切迫した問題意識に照らしてそれを活用する例外的な思考のスタイルを身につけていた。こうして彼は、人類学、動物行動学、音楽、文学から、技術や科学にわたる知識を、ドゥルーズとはかなり異なる角度からふたりの巨大な共同作業に注ぎこむことができたのだ。

一九六八年フランスの叛乱において、ガタリはけっしてダニエル・コーン゠ベンディットのようにめだったリーダーではなかったとしても、ドゥルーズとのふたつの共著において集大成される豊穣なミクロ政治学の発想を通じて、長期的には一九六八年に注ぎこんだ横断的政治の実践と政治に、理論家として活動家として、もっとも豊かな表現を与えた人物のひとりであったかもしれない。もちろんそれは理論と実践の、かなり新しいタイプの結合をともなっていたのである。

いま私は仮説的に『アンチ・オイディプス』にいたるまでのガタリの思想と生を、あの時代の大きな潮流のなかにおいて、彼のユニークな特性を描こうとつとめてみた。しかし『リトルネロ』のような表現と、ドゥルーズ&ガタリの共作にみごとに溶けこんだガタリの思想と、さまざまな伝記的事実と、いくらか親密なかかわりをもったこともある知人としての忘れがたい印象とのあいだで、奇妙に像を結ばない、得体の知れない人物ガタリという印象がもう一度舞い戻ってくるのだ。もちろんそういう人物のポートレートを書くことが、いま私の課題ではない。多彩な切子面をもつ彼の思想の中心の波動を適確にとらえられたなら、ということだけがさしあたって目標である。

3

ドゥルーズは「けっしてとどまることのない海のような人物」とガタリについて語りながら、彼の「ものすごいスピード」にふれ、「彼ほど創造的でたくさんのアイディアを生みだす人には、めったに会ったことがない。彼は、たえずそのアイディアを変更し、再検討し、形を変え続けるのだ。したがって彼は、よりよいものに仕上げ、再配置するため、そのアイディアにまったく興味を失って、忘れてしまうこともできるのだ。彼のアイディアはデッサンであり、ダイアグラムでさえある。私の方は、いつも概念に興味をひかれるのだ。概念はそれ独自の実在をもっているように思われる。概念は生きており、目に見えない生物なのだ。しかし概念はだからこそ創造されることを必要としている」(「宇野への手紙」、『狂人の二つの体制 1983-1995』河出書房新社、五八ページ)。そこでドゥルーズは「フェリックスのダイアグラムと、私の分節された概念とを組み合わせて」共同作業をすることになったという。そのめざましい成果は、いまでは広く知られている。しかし「ダイアグラム」と「概念」の出会い、とこことで簡潔に表現されたことが、いったい何をさしているのか、それを正確に言いあてることは相当にむずかしい。その成果のめざましさは圧倒的で、印象的であるが、その内実を言いあてることはやさしくない。ふたりのあいだに驚異的な思考機械がつくりだされたが、そのメカニズムは必ずしもよくわからないのだ。

そして『アンチ・オイディプス』を書き終えた時期に、ガタリは手記のなかで、少しずつドゥルーズに対する違和感を記している。「だが、この作図、この連続‐不連続のテクストの流れ、これは私の執拗さを保証しているものだが、彼はその機能というものを把握していない。あるいは、彼にはそれがわかっているのだとしても、それに関心がない。彼はつねに作品を念頭においている」（『アンチ・オイディプス草稿』邦訳四五八ページ）。そして『アンチ・オイディプス』によって、自分は「超コード化された」（surcodé）と、あたかもドゥルーズが彼に重くのしかかる国家であるかのように書いているのだ。『アンチ・オイディプス』という書物の出来栄えはすばらしいが、そこに自分を見いだすことはできない。ここでガタリが表明しているのは、ほとんど〈アイデンティティ・クライシス〉のようなもので、そのときのガタリには「私の日常生活という泥のなかで転げ回ること」（同四六三ページ）が必要であり、手記でもそれを実践しているかのようなのだ。要するにこの時期のガタリは『アンチ・オイディプス』から解放されることを必要としていた。そういう手記を書くべきだと勧めたのはドゥルーズの妻ファニーであり、ガタリは手記の公刊を考えているが、ドゥルーズ夫妻の反応はかんばしくない。いまではまさにこの手記も、『アンチ・オイディプス』の草稿とともに刊行されているのだが、ガタリにとって、たしかにこれはたんなる「裏話」の記録などではない。これもまた彼独自の思想のプロセスであり、やがて『ガフカ』や『千のプラトー』に注いでいく源泉にもなったのだ。それはいわば「主体性」の構成プロセスという問題にかかわっていた。「日常生活という泥のなか」は、そのためにも私的「裏話」の次元に片付けておくべきことではなかった。

　ガタリのこのような「手記」の作業は、『アンチ・オイディプス草稿』に含まれている「ノートと日記」や、「NRF」に発表された一九七一年の日記（前出）、そして本書『リトルネロ』として刊行されている。またIMEC（現代出版記録センター）に託されたガタリの資料のなかには一九五〇年代のノートなども含まれ、『交差的評伝』にも引用されている。『リトルネロ』は、大部分が名詞、固有名、あるいは名詞どめの文章からなり、リズムの面からていねいに調律されている。日々の出来事、よみがえる記憶、夢、悪夢、出会い、性愛、旅、政治活動、さまざまな都市、風景が描かれているが、それらの記述はきわめて簡略で、リズム（リトルネロ）のほうが優先しているので、しばしば何が語られているのか不可解である。「ぎりぎりマダム。盗っ人紳士……」（Madame Ric et Rac. Monsieur Fric et Frac）、「莫迦者が私に付け込む（ビューズ・マビューズ）。女神が私を楽しませる（ミューズ・マミューズ）。もうやめて！　鋭い視線。猛暑（フルネーズ）。マヨネーズ」のように〈語呂合わせ〉が、文を牽引しているケースも少なくない。「彼は一生ジョイスにとりつかれていた」という証言もあるくらい、ガタリはジェームズ・ジョイスに関心をよせていた（『交差的評伝』邦訳六五ページ）。『リトルネロ』にはジョイス的な言語実験の反響とジョイスへのオマージュがたしかに含まれている。

　これはまた「リトルネロ」という哲学的概念をめぐる実験でもあり、伝記的日記的断片を通じて自己の精神分析をおこなうよりも、それ以上に「リトルネロ分析」の試みである。ガタリは『分裂分析的地図作成法』で、まさに「リトルネロ分析」を提案しているのだ。精神分析が問題にする「部分対象」のかわりにリトルネロ化した対象（objet ritournellisé）をあつかうべき「リトルネロの分析、リトルネロ－分析のプログラム」を提唱しようというのだ。

そこでこの『リトルネロ』は、私的な覚え書でも、自身の無意識の分析でもなく、詩的断片、あるいはフランス人の得意なモラリスト的省察でもなく、そういったものすべてに似ていながら、そこからリトルネロを抽出し、リトルネロを再発見し、リトルネロを横断する何か「抽象機械」のようなものを形成する試みなのだ。

「微妙なちがい。鈍い反復。洗面台の縁(へり)の額。びくついている顔面との再会。ド、ラ、シ、ソ。悪友とのつきあい。混合の法則。でも忘れるなよ。数々の交配、増殖。抽象機械、あなたの美しさが私たちを酔わせる。もう何も期待することはない。彼女はドアに鍵をかけて去ってゆく。前未来。アスピリンの箱の青みがかった緑色と、スコッチマジックテープの緑の色合い。四十年ものあいだ。グスタフ・クリムト。彼女はいまロワイヤル通りにある帝国様式の二本の柱に囲まれた邸宅に住んでいて、一階の客間は透かし模様のある鉄骨づくりの巨大な温室につながっている。あなたに再会できるとはなんという喜び。皮膚のなかの十二発の弾丸。サン＝ピエール橋のコンクリート製のふたつのアーチ。青と黒が混じった半透明の小さなクリームの器」

イメージの断片が並び、抽象（差異、反復、法則…）がおこなわれる。そして「抽象機械」という言葉がたしかに挿入されている。過去、前未来、過去、現在が、短い断章のなかで交替し、すでにいくつものリトルネロが、いくつもの時空にわたって交響している。子供に印象を刻んだ人物、身ぶり、ささいなオブジェ、その色彩、建物や路地のイメージ、悪夢、死者の記憶、音楽や歌の断片など、すべてがリトルネロを結晶させる核となり、こんどは結晶どうしが入れ子状に相互浸透して増殖する。ガタリにとって〈主体性〉とはこんなふうに形成されるものである。

4

「リトルネロ」に関する思索は、『千のプラトー』のなかのもっとも斬新な一章を占めている。ガタリにとっては、彼自身の探求を「リトルネロ分析」と呼んでもいいほど「リトルネロ」には根本的な特性が含まれていた。リトルネロ（イタリア語 ritornello, フランス語 ritournelle）とは、まずほとんど無意味な音や音節の反復でしかない。鳥の歌が、領土のマーキングであることはよく知られているが、子供の口笛や商人の囃子歌さえも、環界や他者に対して、いわば音の壁をつくって見えない領土を形成するのである。このとき領土化と同時に、環界の一部が環界から離脱するという意味では、ある脱領土化が起きている。リトルネロの反復作用とリズムが領土化と脱領土化を同時に生起させること、この両義性は、ドゥルーズ&ガタリにとってつねに本質的である。そしてリトルネロはまず最小の反復であり、差異とともにある反復であり、反復する差異であり（これについてはドゥルーズの『差異と反復』がすでに厳密なイメージを与えていた）、最小限の形態の出現であり、ささやかな結晶作用のようなものである。したがってリトルネロは、あらかじめ意味をもたない。シニフィアンでもシニフィエでもなく、さまざまな音や記号の断片と結びついて、無意識の局所的形成を沈着させるような作用であり、それ自体は「無意味化する」（asignfiant）作用をもっているのだ。それはただ強度的な形成の触媒となるのであり、意味的な様相は事後的に出現するだけである。

リトルネロは幼少期の思い出、プルーストの『失われた時を求めて』のマドレーヌでもあり、それは無意識の対象として解釈すべき部分対象ではなく、部分化され、「リトルネロ化」された対象である。それは意味ではなく、ある時間の形態を結晶させるものである。そしてリトルネロは領土化・脱領土化をあわせもつ両義的過程であるという点では、すでに領土の構築をめぐる政治にもかかわる。生成の機械であり、音楽であり、政治であるというリトルネロの横断作用と、これに含まれる潜在的アレンジメントを考察することが、「リトルネロ」分析の課題になるだろう。

ガタリ自身は「リトルネロ分析」について次のような説明を与えている。「事物の「正常な」秩序を通じて浮かびあがる反復ーリトルネロをとりあげること、それは理由もなく強勢的であり、技術的科学的パラダイムの繋留点を破壊し、倫理的美学的なパラダイムにおける社会的分析的実践の新たな繋留点を発見することに等しい。実在を別の仕方で配置（dis-poser）するために、別の主体性を、言表行為の別の様相を生産すること」（*Cartographie schizoanalytique*, p.185）。dis-poser と、動詞をハイフォンで分離したのは、まさに dis という接頭語に含まれる〈反対〉〈分離〉という意味を強調しようとしたのだろう。

こうしてリトルネロとは、実在と主体性を、両方とも解体、構築しては再構築する膨大な可能性をもつことになる。『千のプラトー』のリトルネロの章において、リトルネロは音楽をはじめとする芸術の発生とともに領土性の発生にかかわり、それはやがて歴史を貫通する政治的集団性と芸術表現とのかかわりの壮大な考察に広がっていったのだ。

リトルネロは何よりもまず音楽にかかわり、音楽的実在、音楽的主体性と切り離して考えることができない。ガタリの一九七一年の日記のなかには音楽に関する次のような指摘が見える。「真の機械状音楽は最初の音符から――ポップ音楽のことではない――公理的な意味において脱領土化された音楽記号宇宙を繰り広げる。これは存立平面の原型であり、言表行為の主体を無化するものである。すべてと無の間が縫合される。シニフィアンの徹底的な廃棄。音楽はすぐれた機械状芸術の形式である」(*NRF*, no.563, p.332)。リトルネロは、あらゆる音楽の酵母として、必然的にこのような非主体的、非シニフィアン的な脱領土化という性格をそなえている。たしかにそれは領土形成の記号という強力な機能をもっているが、けっして意識・無意識や主体によって画定されない「実存的領土」を形成するのである。ガタリはまさに「実存的領土」(territoire existentiel)という言葉で、この世界に物や記号の形をとってあらわれるすべてのものの生成的、潜在的次元のことを言おうとしたのである。

ガタリは、やはりドゥルーズと自分を比較して自分を〈イメージ〉の側に、ドゥルーズを〈音楽〉の側においている。自分には「事物の質や色彩」がとらえられない。「内容の世界は私の苦手とするところだ。極度の近視。関係、符合、相対的運動が関心をしめてしまうので、デッサンや絵画だけが確立することのできる事物の完全性が消え去ってしまうのだ」(Journal, II, *NRF*, no.564, p.343)。ドゥルーズはまさにイメージと色彩の人であり、音楽の趣味さえもドゥルーズの場合はバルトークやアルバン・ベルクのように表現的色彩的な傾向にむかう、とガタリはいうのだ。

こうしてガタリの〈音楽〉は、ある抽象的な傾向と、彼自身の〈抽象機械〉と直結していた。さまざまな運動や活動の場に身をおきながら、ガタリの思考は、おおかたの哲学者に比べても際立って特異な抽象性をもっていた。ドゥルーズがプルーストの「器官なき身体」について述べたあの一節を思い出そう。「蜘蛛もまた何も見ず、何も知覚せず、何も思い出さない。ただ巣の片隅で、蜘蛛は自分の身体に強度の波として伝わってくるかすかな振動を受けとり、肝心な場所に飛びかかっていく。眼もなく、鼻もなく、口もなく、蜘蛛はただしるしに反応し、かすかなしるしにみたされるだけだ。それが彼の身体を波のように横断し、餌に飛びかからせるのだ」(*Proust et les signes*, p.218)。この蜘蛛に似ている思考者は、むしろガタリであったかのようなのだ。

5

そのようなガタリの特異な抽象性は、まちがいなくドゥルーズとの共同作業において大きな牽引力になっていた。『分裂分析的地図作成法』で、ガタリの抽象性は最大限に開放され極限まで突き進んでいる。いったい彼はなんの「地図」をつくろうとしたのか。ガタリは、精神分析の与えた無意識をめぐる図式(前意識・意識・無意識/超自我・自我・エスそしてリビドー)を念頭において出発し、その修正を試みるかのように出発している。そのもくろみとは、「主体性、欲望、欲動的エネルギーの構成と、それらにかかわる言説と意識の様々な様相を地図化することである」(CS, p.40)というのだが、それはほとんど存在の地図であり、人間の住む外的内的世界の地図をめざすような「メタモデル化」なのである。『分裂分析的地図作成法』の説明と、『カオスモーズ』にも掲載される表とあわせて、簡略にこの「メタモデル」を書きなおしてみる。

その図式は四つの「機能子」あるいは位相からなり、表の右欄をガタリは「無意識」の側に位置づけることもあって、「実存的領土(T)」を「抑圧されたものの隠れ家」などと呼ぶこともある。そして

	現働的（表現－言説的）	潜在的（内容－非言説的）
可能的なもの（分子的）	機械状系統流（Φ）	非物体的宇宙（U）
現実的なもの（モル的）	物質的記号的流れ（F）	実存的領土（T）

「流れ」はリビドーでもある。しかしこれはもはやフロイトともラカンとも重なるところがなく、哲学の伝統的な二元論（精神－物質）とも、あるいはスピノザの実体、属性、様態とも一致するところがない。ドゥルーズ＆ガタリは、『千のプラトー』で、スピノザの原理に照らして「器官なき身体」の説明をこころみており、スピノザの発想はこの「メタモデル」のなかにも生きているにちがいないが、これら四つの位相は、それぞれに「器官なき身体」の異なる位相を示しているというしかない。

ガタリはこの四つの機能子について、さまざまな変形や移行のプロセスを考え、おびただしい複雑な図表化と記号化を試み、まさにドゥルーズのいう「ダイアグラム」を数々増殖させている。このダイアグラムを精緻に読解する準備がまだ私にはないが、少なくともいまはその極度の抽象のモチーフがどこにあるか見ておきたい。

「現実的なもの」から「可能的なもの」への移行（物質的記号的流れ→機械状系統流、実存的領土→非物体的宇宙）を、ガタリは「脱領土化」と規定している。それはより抽象的な次元への変形でもある。「機械状系統流」（phylum machinique）に関しては、たとえば新しい物質的組成を生み出すような発明はけっして個々に偶発的におこなわれるのではなく、それよりはるかに大きい歴史社会的な組織（機械）の綿々と連続する連鎖のなかで、それに照らせばあたかも必然であるかのようにして登場するということが『千のプラトー』のなかでも指摘されていた。そのような広大な連鎖が「機械状系統流」と呼ばれていた。そしてそれ以上に注目すべきことは、右欄の実存的領土の脱領土化された位相として「非物体（身体）的宇宙」があげられていることである。

ドゥルーズ&ガタリの思想を何よりもまず、画期的な本質的身体論として読んできた私にとって、この非物体的非身体的宇宙（そしてこれの左にくる機械状系統流）の位置づけは、とても気にかかることなのだ。そしてドゥルーズをゆさぶったガタリの「抽象機械」のベースも、おそらくここにあると考えられるのだ。

『アンチ・オイディプス草稿』に含まれる『アンチ・オイディプス』執筆以後のノートを読むと、次のような記述が目に飛びこんでくる。

「科学的諸連鎖という人工物は、自然界には存在しない粒子、途方もないアレンジメントを生産する。機械以前の自然は終わりを告げる。機械は別の自然を生産し、生産するためにそれを描き出し、また記号をもってそれを加工する」（邦訳四三七ページ）

「記号は粒子を追い越す。記号は粒子を、その脱領土化の諸能力において凌駕している。記号は粒子に、みずからを「多様体化」する能力を過剰にもたらしている」（同四三八―四三九ページ）

「物理学的効果は読まれる必要はない。コード化され、機械化される必要がある。読むこと、理解すること、解釈すること、それは非力能化することだ、記号は口頭の記号論主義と専制的な超コード化へのノスタルジーをあきらめ、みずからを機械状の記号－点へと変え、留保なく機械状系統流へと移行しなければならない」（同四四〇ページ）

「よりいっそう強力なサイクロトロン、物理学者たちの扱うサイクロトロンを基礎づけるサイクロトロンとは、脱領土化された記号の生産者としての欲望である」（同四四一ページ）

ガタリがこんなふうに書いたのは、『分裂分析的地図作成法』（原著一九八九年）よりもずっと以前のことである。したがって四つの位相からなるメタモデル（地図）のなかに、このような記号－粒子がぴったりおさまるわけではない。「記号－粒子」、あるいは「記号－点」のような事物と記号の複合体は物質的次元と非物体的次元からなり、しかも「記号」ははるかに高い脱領土化を示している。そのように高度に脱領土化された物質の次元は、すでに機械状系統流とよばれていたのだ。もちろんこのような記号の次元は、ドゥルーズの哲学でも扱われていた。『意味の論理学』において「意味」とは意味作用のことではなく、非物体的、非身体的な出来事、表層の次元をさしており、それはたしかに記号によって実現される高次の脱領土化を示していた。ガタリも独自の道をたどって、このように「反エネルギー的、反物質的な非物体的次元」の論理を構成し、しかもけっしてそれを幻想や観念の次元に孤立させるのではなく、現実に、粒子に、自然にじかに働きかける作用として考えていた。「記号が自分自身を蝕み、穴をあけ、そして現実界にじかに書きこまれるエクリチュールにむけて開かれる点」とは無意識（エス）が意識にむけて脱領土化される「緊迫した点」（*le point chaud*）であるとも彼は書くのだ（前掲四四三ページ）。

6

『分裂分析的地図作成法』にはしばしば詳細な説明なしに数々の図表が登場し、ガタリはあたかも図表によって思考するかのように進んでいく。図表は、言葉の思考に明瞭なイメージを与えるよりも、言葉の彼方で振動する思考の流動をそのまま探知し形象化しているようなところがあるのだ。いずれにしても、これらの地図またはダイアグラムは、かろうじて潜在性－現働性、可能性－現実性のような区分をもつだけで、たえず変形可能であり可逆的であるという印象を与える。そもそもイェレムスレウを参照した〈表現－内容〉のような区分そのものがシニフィアン－シニフィエと異なって可逆的であることをガタリは強調している（ある表現の内容は別のものの表現となりうる）。けっして物質－精神のように静的な二元論に重なることがなく、あのメタモデル（U．T．F．Φ）では、区分の格子そのものがたえず揺らぎ、ねじれるのだ。「すべてが、存立性のしきい、変形の量子、効果の蓄積の確率の問題となる」（CS, P.38）と彼は最初にメタモデルを提出する前に断っている。またメタモデルの地図は、けっして科学的な還元主義をもくろむものではなく、むしろその真実と論理は美学や魔術のそれに似ている、などともいう。おそらく、ただ厳密にアカデミックな思考を適用して、このメタモデルを読みとくことはできないのだ。

たとえばやはりイェレムスレウを参照しながら、表現と内容に、それぞれ形式と実体があるという考えを採用しつつ、「実体とは、物質において形式が出現すること」であるとするなら、「実存的領土とは、エネルギー（物質）的記号的流れにおいて、非物体的宇宙と機械状系統流が出現することである」（CS, p.84）と言いかえられる、とガタリはいう。内容の形式（非物体的宇宙）も表現の形式（機械状系統流）も、等しく物質に作用し、実体を形成することになる。そして形式は、形成する一方でたえず物質も実体も脱領土化するのである。リトルネロは、いつでも脱領土化（そして再領土化）の兆候であり触媒でありうる。

「散逸構造」の理論で知られるプリゴジーヌとの共著者でもあった科学哲学者のイザベル・スタンジェールは、「真理への多義的センス」とでも訳すべき文章でガタリの思考法について書いている（*Chimères*, no.1, 1987）。自然科学の領域においてふたつの分析方法がある、と彼女はいう（p.49-50）。ひとつは「結合法的」（combinatoire）であり、もうひとつは「化学的」（chimique）タイプである。結合法的分析は、要素の交換可能な同一性を前提とする。あらゆるプロセスが相互に無差別な可能性をもっている。熱力学的平衡状態の分子にとってはあらゆる組み合わせが原理的に可能であり、可能なことは無差別に可能である。しかし化学的分析にとって問題なのは、無差別な可能性ではなく、分子の間の親和性であり、ある物質の解体や変形を起こしうる力能の計算である。すでに化学の前身であった錬金術の関心とは、「金には何が可能か」という力能にかかわるものであった、とスタンジェールは説明し、自分の興味をひくのは化学的方法であると述べる。そしてガタリが探究しているのは自然科学ではないとしても、不変の同一的要素の合成ではなく、変形する力能の非等質的な配置のほうであるからこそ興味深いというのだ。自然科学のかなり無造作に見える引用や借用によって非難されることもあったガタリだが、ただ自然科学的なシステムの整合性や実証性を基準に即断するなら、ガタリの「方法」から何も学ぶことはできない。

「重要なことは概念とともに実験することであり、抽象的に否定することではない。もろもろの観点を大きな包括的綜合を通じて分節し、そこから観点を演繹可能にすることでもない。そうではなく、諸観点にとって可能なこと、それらが妥当なものとなる状況の地図を作成することなのだ。そのためには、けっして隔離されることのない別の抽象的要素を参照しなければならない……」とスタンジェールは、ガタリの「化学的方法」をさらに敷衍して書いている。ガタリは一九八一年の質疑応答のなかで、「結局、およそ問題というものについてウィルス的発想をしなければならないだろう」と述べたということだ（p.54）。これは「株をつくり、突然変異することのできる何か、あらゆる方法で移植することのできる何か」というような発想のことである。

そのように作動したガタリの特異な「抽象機械」は、しばしばあまりにスピーディに、過剰に作動して、ドゥルーズとガタリの共同作業にさえも吸収されない「ウィルス」がたくさん培養されていたことは、とりわけ『分裂分析的地図作成法』から十分にうかがえる。

そこでもう一度「リトルネロ」という問題にもどるなら、そういう独自の方法意識のなかで「リトルネロ分析」を構想していたガタリは、とりわけ動物行動学を詳細に参照しながら、そしてもうひとつはプルーストの長編を読解しながら、まさに私たちの訳書『リトルネロ』との連関も照らしだすような分析を展開している。これらはとりわけ『機械状無意識』のなかに読めることだが、印象的なのは『千のプラトー』のもうひとつの章を形成する「顔貌性」の主題と「リトルネロ」とはたえず両輪のようにして交替し、ときに浸透しながら、「主体化」における脱領土化と再領土化のプロセスを形成しているということである。

こうしてガタリはプルーストの読解においても、ドゥルーズの『プルーストとシーニュ』と比べられるほどの、まったくユニークなリトルネロ分析を実践していたのだ。この試みと『リトルネロ』というテクストのあいだには親密な関係があるように思える。

『失われた時を求めて』のリトルネロとは、なによりもまずさまざまな場面に響く作曲家ヴァントイユの楽曲の断片であった。そして「顔貌性」は、はじめに語り手の分身とおぼしいスワンが恋するオデットの顔によって、まさに問題化するのである。恋するオデットの顔、ボッティチェリの描いた女神に重なる顔は、やがてオデットのピアノが奏でるヴァントイユのリトルネロと組み合わさって、スワンを出口のないブラックホールにおとしいれることになる。それはまた嫉妬と婚姻状態に連結した抑鬱状態のブラックホールなのだ。

しかしヴァントイユのリトルネロは、さらにスワンの生を反復する『失われた時』の語り手の前でも鳴り響き、やがて別のアレンジメントと結合し、開放される（脱領土化される）ことになる。リトルネロは魂をブラックホールに誘う再領土化への引き金になったのだが、こんどはブラックホールからの逃走線を描く出口にもなりうることがはっきり示される。リトルネロは、視覚上の別のリトルネロであるかのような「顔貌性」と連結しつつ、領土化的な閉塞の傾向を強める一方、脱領土化的な線分を強化しうる。しかし相対的にリトルネロは、外部のさまざまなアレンジメントにむかう開放として、顔貌性のほうは主体化するイメージ（人格）として顔を形成するという点で閉鎖的な領土形成としてとらえられている。プルーストの話者は、アルベルチーヌとの愛において同様のブラックホールにとらえられながらも、たしかに出口を見いだすのである。眠るアルベルチーヌの顔を、動物から植物に、ついには鉱物のように、何か地質学的な対象としてみることによって解体してしまい、他のアレンジメントにむけて開放するのだ。オデットのブラックホールに閉じこめられたあのスワンでさえも、あるとき社交の場に「片めがね」をつけて次々あらわれる紳士たちの「顔」を仔細に観察しながら、「片めがね」の効果を通じて顔を解体するような観察を続けることもできたのである。

ドゥルーズのプルースト論は、あの大作を、記憶をめぐる物語ではなく、愛や社交や芸術をめぐる記号の探求として読みといて画期的だったが、ガタリのほうは、顔とリトルネロが交錯してくりひろげる脱領土化と再領土化に注目し、創造的な連結と破局的な閉鎖の錯綜を読みといているという点で、劣らず興味深いのだ。おそらく顔貌とリトルネロの交錯を読みとくという分析方法は、ガタリ自身が突きつめた精神分析のブラックホールから離脱するために考えだされたものだった。

たしかにふたつは連動している。顔というイメージの成立は、人間のなかから抽出された人間性のイメージを示している。顔はイメージとしてすでに高度な領土化であり、リトルネロはそれよりはるかに初原的な領土化であるが、初原的であるからこそ、リトルネロはさまざまな脱領土化と、新しいアレンジメントの可能性をもっている。顔自体がさまざまなリトルネロからなり、リトルネロを通じて成立し結合するさまざまなアレンジメントは、顔や風景をいたる場面で新たに解体し結晶させるのである。

ガタリはリトルネロの例の多くを動物行動学にみる一方で、顔貌性についてはしばしば文学作品（ランスロからプルーストまで）を参照した。西洋の絵画はすでに高度な顔貌性の表出であった。このようなガタリの概念化にも注目すべきことが多々含まれている。顔はすでに超越的主体の分子を含んでいる。一方のリトルネロは領土とイメージを形成する結晶化の触媒になりうるが、それはいつでも結晶以前の反復、出来事なのである。私たちの訳書『リトルネロ』には、ジョイスの言語実験の反響だけでなく、ガタリが詳細に読みこんで分析した『失われた時を求めて』の反映も、つまり顔とリトルネロの組み合わせも少なからず含まれていると思う。

7

ガタリとドゥルーズがともに署名した最後の共著は『哲学とは何か』である。しかし『アンチ・オイディプス』『カフカ』『千のプラトー』のようにガタリが積極的に新しい概念を注入して共同作業を牽引していった跡はあまりみえない。『分裂分析的地図作成法』に集大成されたような『千のプラトー』以降のガタリのとめどない実験的思考は、むしろ生前の最後の著書となった『カオスモーズ』のなかでコンパクトにまとめられ、しばしば具体的な提言をともなって像を結んでいる。『地図作成法』で繰り返し論じた四つの「機能子」をあらためてとりあげ、まず「言説的体系に存立性をもたらし、言表行為の単子(モナド)の確立をうながす契機は、むしろ内容のほうに求めるべきではないか。内容とは、つまり実存的機能のことです」（邦訳九八ページ）と書いて、やはり言語、言説、言表行為への還元主義に警戒をうながしている。四つの機能子の右欄（UとT）を構成する「内容」の「実存的機能」を強調しながら、まさにガタリは、構造主義や構造主義的精神分析が「実存的領土」（T）を言語記号に還元しようとしてきたことに対する批判を繰り返している。

そしてガタリの「抽象機械」は、何よりもまず還元主義に対する批判であり、ハイデガー哲学でさえも、それが「存在」への還元主義であるかぎりでは批判されることになる。分裂(スキゾ)分析の抽象主義は、あくまでも非還元主義なのである。「スキゾ分析は、複合的なものを単純化する還元論的モデル化の方向に進むことがない。むしろ、複合的なものの複雑性を高め、その過程を豊かなものにし、潜在的な分岐と差異化の線が存立性を獲得するように働きかけるのです」（同九九ページ）。あらゆる科学は諸現象を、ある関数に、素粒子に、DNA等々に還元することをめざしてしのぎを削ってきたし、哲学や人文科学でさえも、しばしば一定の論理や命題やカテゴリー（下部構造、無意識、言語……）に対象を還元することをめざしてきた。ガタリはこれらに逆行する途方もない主張をしているともいえる。「機械」の概念は、まさに無限に開かれた連鎖であるという意味では、そもそも非還元主義的な装置であり、ひたすらこれに対応する思考機械と、世界を構成するもろもろの機械を発見することが要請されることになる。

そしてすでにみたように言語・記号は必ずしも四つの機能子の左側（表現）にだけあるのではない。（右欄の）非言説的で非物体的な宇宙にこそ、言語・記号の潜在的な内包的形態があって、これが実存的領土にたえず介入しながら「表現」を構成するのである。だからこそ「言い違いやジョークにもかかわっていくさまざまな言表行為の焦点を集めた帯域が、表の右側の欄に侵入してくる」といわれるのだ。このように侵入してくる焦点や断片が、実存的領土において「存在論的肯定のリトルネロ」を生成する。こうして内容が何か表現のようなものとして生成されるようになるが、それは必ずしも意味を生みだすわけではないのだ。

「非言説的な強度を感受できる器官なき身体」（同一三八ページ）に注目したり、「脱領土化された感じの動きや情の動きを諸感覚のブロックとして抽出すること」（同一四三ページ）に注意をうながすガタリは、いつでも言語への還元主義を批判しているのだが、しかし一方では、いわゆる「言表行為」の焦点さえも、「非言説的」「非物体的」な内容の次元に、「非物体的複雑性」としてたえず介入し、潜在的力能を発揮しつづけることを強調しているのだ。

したがって言語がふたつの次元をもつことに注目しなければならない。一方には「非物体的なものたちの生地がもつ非言説的な無限の性格」とともにある「言表的焦点」があり、他方には「エネルギー論的時空間の流れとそれらを命題化している相関物たちが備えている言説的有限性」がある。「エネルギー論的時空間の流れ」とは、「物質的、記号的流れ」のことでもある。私たちが言語や記号を問題にするときには、すでに「流れ」として現実化し、現働化した次元の言語や記号をみているにすぎないのだ。

そしてもっともめざましいのは、この非言説的、非物体的な(参照の)宇宙は、「感覚をこえた無限性」あるいは「無限速度」をもつという点である。この無限速度で動く宇宙と、感覚可能な有限性(複雑性)に属する「実存的領土」とのあいだに往還がおきる。あるいは「宇宙」と「領土」のあいだにインターフェイスが発生する。それは無限であり無限速度のカオスと、有限な複雑性とのあいだのインターフェイスでもある。この無限速度の非物体的宇宙(カオス)とは、『哲学とは何か』で「無限に運動するひとつの中間-環境(milieu)」と定義された「内在平面」のことでもあって、この発想はガタリからやってきた可能性が強い。

こうして「あらゆる種類の機械とは、いつも、この有限と無限の十字路、複雑性とカオスのあいだの交渉点にある」とガタリは、かつては「欲望機械」の名で提出した機械の概念に、あたかも最終的な規定を与えるように書いているのだ。哲学の概念は、無限速度のカオスを手なづけようとするが、もちろんカオスを有限化するだけで、けっして排除するのではない。少し粗暴な擬人化が許されるなら、無限速度のカオスの思考を体現していたのはガタリであり、そのカオスを手なづけようとする概念の作り手(調教師)はまさにドゥルーズだったかもしれないのだ。そしてリトルネロとは、むしろ有限的な領土に「複雑性」として投影されたカオスの渦巻のような反復であり、文様であるといえようか。

「迷宮は今やディオニュソスの耳、迷宮的なる耳である」。ドゥルーズがニーチェについて書いたエセーによれば、そこにも大いなるリトルネロがある。耳はリトルネロの器官であり、耳の小さな渦のかたちはそのままリトルネロの形象である。「さまざまなテリトリーが振動し、建築物が崩れ落ちるところ、さまざまなエートスが混ざり合うところ、みずからが運び去っては再来させる大気のすべてを変質させる、そんな力強い〈大地〉の歌、大いなるリトルネロが立ち昇るところへ」(『批評と臨床』守中高明訳、河出文庫、二二七ページ)。こんなふうにリトルネロは、ふたつの頭脳のあいだを往還していたのだ。

訳者あとがき

このテクスト『リトルネロ』の翻訳は難航した。しばしばフランス語の音韻や語感に導かれたガタリの文の展開を日本語に移し変えることは、ほとんど不可能である。しかも行ごとに場面が移り、人名や地名が唐突に交代する文章である。人称代名詞が誰を指すかも、しばしば特定しがたい。できるかぎり調べて注をつけるようにしたが、不明なもの、不確定にとどまった場合も多い。これは膨大な「リトルネロ」のコレクションであり、そのあいだに横断性や反響や共振を見いだそうとしたガタリの特異な実験の書でもあった。訳しながら、さらに読解を深めていくと、ガタリのそのようなプロセスとパフォーマンスの〈過程〉そのものが、だんだん実感できるようになってきた。日本語の読者には、まさにテクストの中心にあるそのような〈過程〉をなんとか伝えたいと思うようになった。

読者にまずお薦めしたいのは、はじめからたくさんの注を読みながら、テクストの意味をいちいち考えて読むという読み方ではなく、むしろすばやく読んで、さまざまなリトルネロの森のあいだを彷徨するように読み進むことである。次にはガタリが推敲し、ひとたび完成したこの〈リトルネロ機械〉のメカニズムを、注を追いながらいちいち解明するような読み方も、また他のどんな読み方、分析もありうるだろう。あるいはこの作品に触発されて、別の『リトルネロ』の試みが新たに登場することさえもあるだろう。

あわせてこの本には約三十年前に、ガタリにとって生涯の〈根拠地〉でありつづけたラボルド精神病院の近くにあった彼の家を訪れ、ゆっくり時間をかけておこなったインタビュー「分裂分析のほうへ」を、もう一度録音を聞きなおし推敲して再録することにした。これは「現代思想」一九八四年九月の臨時増刊号のためにおこなったものだった。主としてドゥルーズとガタリの共同作業がどのようにおこなわれたかを尋ねる試みであり、同じ質問をしていたドゥルーズからも、これに答える書簡（「いかに複数で書いたか」）がよせられて、この号には幸運にもふたつを同時に掲載できることになった。このインタビューは往年のガタリの破天荒な思考のスタイルがよく感じられるという点で、彼の数々のインタビューでも特別なものだとあらためて実感したのである。

またこの機会にガタリの著作を読みなおして、とりわけ「リトルネロ」と『千のプラトー』以降の「メタモデル化」の思索を再考するエッセーを書き、この本の「解説」とした。それはあまりにも見事に融合したドゥルーズ＝ガタリの共著からはよく見えてこないガタリの思考の広大な振幅を再発見する機会でもあり、これによってふたりの書いた書物の深層も新たに照らしだされる予感がある。

『リトルネロ』の訳は、まず松本潤一郎が第一稿をつくり、それをもとに私が最終稿を仕上げた。このむずかしい訳業がなんとか実を結んだのは、松本がまず最初にこの冒険に挑んだので、私もようやく重たい腰をあげられたからである。

最後に、この本の編集を担当したみすず書房の遠藤敏之さんに感謝したい。遠藤さんには『リトルネロ』に数々の注をつける作業のためにも細心の協力を得た。

二〇一四年十月

宇野邦一

＊　付録「分裂分析のほうへ」の初出は「現代思想」一九八四年九月臨時増刊「総特集ドゥルーズ＝ガタリ」（掲載時のタイトルは「スキゾ分析の方へ」）。再録にあたり録音テープを再聴し正確を期すとともに訳語も一部改めている。

著者略歴

(Felix Guattari, 1930-1992)

1930年，パリ近郊ヴィルヌーヴ＝レ＝サブロン（現ヴィルヌーヴ＝ル＝ロワ）に生まれ，同ラ・ガレンヌ＝コロンブに育つ．哲学者，精神分析家．著書『精神分析と横断性』（原著1972／杉村昌昭，毬藻充訳，法政大学出版局）『分子革命』（1977／杉村昌昭訳，法政大学出版局）『機械状無意識』（1979／高岡幸一訳，法政大学出版局）『闘走機械』（1985／杉村昌昭監訳，松籟社）『分裂分析的地図作成法』（1989／宇波彰，吉沢順訳，紀伊國屋書店）『三つのエコロジー』（1989／杉村昌昭訳，平凡社ライブラリー）『カオスモーズ』（1992／宮林寛，小沢秋広訳，河出書房新社），ジル・ドゥルーズとの共著に『アンチ・オイディプス』（1972／宇野邦一訳，全2巻，河出文庫）『カフカ』（1975／宇波彰，岩田光一訳，法政大学出版局）『千のプラトー』（1980／宇野邦一ほか訳，全3巻，河出文庫）『哲学とは何か』（1991／財津理訳，河出文庫）ほか．没後刊行された著書に本書 *Ritournelles*, 2007のほか『アンチ・オイディプス草稿』（2005／國分功一郎，千葉雅也訳，みすず書房）『精神病院と社会のはざまで』（2012／杉村昌昭訳，水声社）『人はなぜ記号に従属するのか』（2012／杉村昌昭訳，青土社）*Qu'est-ce que l'écozophie?*, 2014などがある．

訳者略歴

宇野邦一〈うの・くにいち〉 1948年，島根県生まれ．パリ第8大学哲学博士．立教大学名誉教授．著書『アルトー　思考と身体』（白水社1997／増補・新装復刊2011）『詩と権力のあいだ』（現代思潮社1999）『他者論序説』（書肆山田2000）『ドゥルーズ　流動の哲学』（講談社選書メチエ2001）『反歴史論』（せりか書房2003）『ジャン・ジュネ　身振りと内在平面』（以文社2004）『破局と渦の考察』（岩波書店2004）『〈単なる生〉の哲学』（平凡社2005）『映像身体論』（みすず書房2008）『ハーンと八雲』（角川春樹事務所2009）『ドゥルーズ 群れと結晶』（河出ブックス2012）*The Genesis of an Unknown Body*（n-1 publications, 2012）『アメリカ，ヘテロトピア』（以文社2013）『吉本隆明　煉獄の作法』（みすず書房2013），訳書ドゥルーズ＆ガタリ『アンチ・オイディプス』（河出文庫）ベケット『伴侶』『見ちがい言いちがい』（以上書肆山田）ジュネ『判決』（みすず書房）ほか．

松本潤一郎〈まつもと・じゅんいちろう〉 1974年，東京生まれ．立教大学大学院文学研究科博士後期課程修了．立教大学ランゲージセンター教育講師．共著『ドゥルーズ　生成変化のサブマリン』（白水社2005）『ドゥルーズ／ガタリの現在』（平凡社2008）『ドゥルーズ　千の文学』（せりか書房2011），訳書ホルワード『ドゥルーズと創造の哲学』（青土社），共訳リンギス『異邦の身体』（河出書房新社），クロソウスキー『かくも不吉な欲望』（河出文庫）ほか．

フェリックス・ガタリ
リトルネロ
宇野邦一・松本潤一郎訳

2014年11月14日　印刷
2014年11月25日　発行

発行所 株式会社 みすず書房
〒113-0033 東京都文京区本郷5丁目32-21
電話 03-3814-0131(営業) 03-3815-9181(編集)
http://www.msz.co.jp

本文組版 キャップス
本文印刷・製本所 中央精版印刷
扉・表紙・カバー印刷所 リヒトプランニング

Printed in Japan
ISBN 978-4-622-07825-8
[リトルネロ]